SALUBRITÉ DES HOTELS MEUBLÉS

ET

DES LOGEMENTS LOUÉS EN GARNI

Service de l'Inspection sanitaire à [illegible]

et

dans les Communes du ressort de la [illegible]

Publié par ordre de M. LEP[illegible]

PARIS
IMPRIMERIE [illegible]

[illegible]

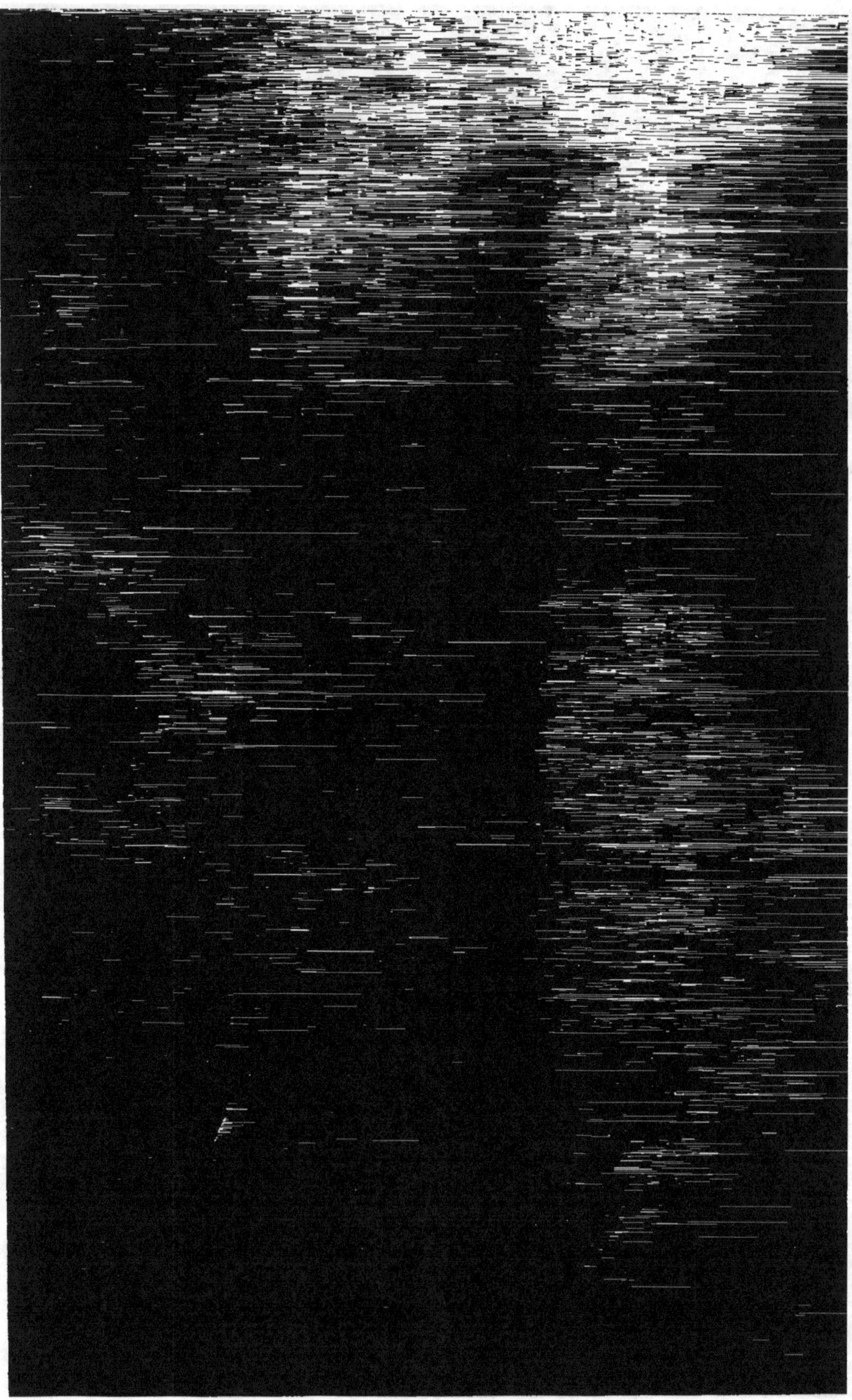

PRÉFECTURE DE POLICE

SALUBRITÉ DES HOTELS MEUBLÉS

ET

DES LOGEMENTS LOUÉS EN GARNI

Service de l'Inspection sanitaire à Paris

et

dans les Communes du ressort de la Préfecture de Police

Publié par ordre de M. LÉPINE, Préfet de Police

PARIS
IMPRIMERIE ET LIBRAIRIE CENTRALES DES CHEMINS DE FER
IMPRIMERIE CHAIX
SOCIÉTÉ ANONYME
(Succursale B), 5, rue de la Sainte-Chapelle.

1895

PRÉFECTURE DE POLICE

2e DIVISION — 2e BUREAU

COMPOSITION

DU

SERVICE SANITAIRE DES HOTELS MEUBLÉS

ET

DES LOGEMENTS LOUÉS EN GARNI

en 1895

MM. **LÉPINE,** *Préfet de Police.*
E. LAURENT, *Secrétaire général.*
BEZANÇON, *Chef de la 2e Division.*
PELISSIER DE LABATUT, *Chef du 2e Bureau, 2e Division.*
JOLTRAIN, *Sous-chef du même Bureau.*

INSPECTEURS TITULAIRES (Paris)

MM.	MM.
BLOCH, Docteur en médecine.	LAVIEILLE, Docteur en médecine.
YVES, —	LARGE, —
MARIAUD, Architecte.	DEMAY, —
CHAMBELLAN, Docteur en médecine.	PRONIER, Architecte.
LECORNU, Architecte.	HUGOT, —
GEORGÉ, —	FLAMANT, —
ERRARD, —	PARENT, —

INSPECTEURS TITULAIRES (Banlieue)

MM.	MM.
ROUSSY, Docteur en médecine.	RINGUET, Architecte.
KAHN, —	GAUTIEZ, —
BOURDEIX, Architecte.	

INSPECTEURS SUPPLÉANTS

MM.	MM.
ARTHAUD, Docteur en médecine.	ROCHARD, Docteur en médecine.
ROBILLARD, —	DAMAIN, —

SALUBRITÉ DES HOTELS MEUBLÉS

ET

DES LOGEMENTS LOUÉS EN GARNI

SERVICE DE L'INSPECTION SANITAIRE

A Paris et dans le ressort de la Préfecture de Police.

CHAPITRE PREMIER

Origine du Service.
Limites de la compétence de la Commission des logements insalubres.

La première ordonnance de police concernant la salubrité des hôtels meublés et des logements loués en garni porte la date du 7 mai 1878. Elle fut prise par le Préfet de Police sur la double proposition du Conseil d'Hygiène publique et de Salubrité du département de la Seine, et de la Commission des logements insalubres de Paris.

Jusqu'à cette époque, la Préfecture de Police, quand il s'agissait de prescrire des mesures de salubrité dans un garni, ne pouvait agir qu'en vertu de l'article 6 de l'ordonnance de police du 23 novembre 1853, concernant la salubrité des habitations.

Au moment où allait s'ouvrir l'Exposition de 1878, qui devait amener à Paris une grande foule d'étrangers, le Conseil d'Hygiène publique, et la Commission des logements insalubres estimèrent que l'assainissement des maisons louées en garni était une des mesures qui intéressent le plus vivement la santé publique. Il existait alors, en effet, un grand nombre d'hôtels meublés, installés dans les conditions les plus déplorables au point de vue de la propreté et de l'hygiène. On y voyait s'entasser de nombreux locataires qui étaient loin de trouver dans ces réduits sordides, mal éclairés, mal ventilés, la quantité d'air respirable nécessaire à la vie. C'étaient, dans bien des cas, de véritables foyers de maladies épidémiques.

On avait songé tout d'abord à confier le soin de visiter les hôtels meublés et les logements loués en garni à la Commission des logements insalubres déjà chargée, par la loi du 13 avril 1850, de rechercher et d'indiquer les mesures indispensables d'assainissement des habitations.

Mais, parmi les conditions requises pour motiver l'application de la loi du 13 avril 1850, il en est deux qui auraient rendue illusoire ou impossible l'intervention des membres de cette Commission :

1° L'insalubrité doit être dépendante du fait du propriétaire ou de l'usufruitier ;

2° Elle doit être inhérente à l'habitation.

Or, ces conditions ne se rencontrent point dans un grand nombre de causes d'insalubrité des hôtels meublés. Ainsi, par exemple, une chambre ayant un cube d'air de 14 mètres, suffisamment éclairée et aérée, est reconnue très habitable pour une personne. Le logeur y reçoit deux, trois locataires, même davantage : cette cause d'insalubrité n'est pas du fait du propriétaire de l'immeuble et elle n'est pas inhérente à l'habitation.

En effet, tout locataire est tenu d'user de la chose louée en bon père de famille, et *suivant la destination qui lui a été donnée par le bail* (C. C., art. 1728). En dehors de cette obligation, rien ne l'empêche de faire des changements dans la distribution de ses appartements, à charge par lui de remettre les lieux en état à la fin du bail. Il peut donc, par exemple, en établissant des cloisons, faire deux pièces de 9 mètres cubes dans une chambre de 18. La Cour de Lyon (arrêt du 26 novembre 1828) a jugé que le locataire d'un appartement destiné à une *hôtellerie* a pu changer un grenier en plusieurs pièces destinées à des voyageurs. Dans ce cas, la Commission des logements insalubres ne peut interdire l'habitation, puisque le propriétaire ayant loué un logement salubre, ne saurait être rendu responsable de l'insalubrité provenant des aménagements intérieurs apportés par le locataire.

C'est d'ailleurs la jurisprudence formelle du Conseil de Préfecture de la Seine (arrêtés des 9 mars 1864, 10 novembre 1868, 16 décembre 1868, 17 février 1869, 30 juin 1869, 11 janvier 1870, 31 octobre 1871, 22 avril 1874, 23 février 1876, 26 juin 1878, 17 mars 1880, 14 septembre 1883, etc., etc.).

On ne peut donc intervenir, en vertu de la loi du 13 avril 1850, pour remédier à l'encombrement qui est cependant une des causes d'insalubrité les plus sérieuses et les plus fréquentes.

On peut en dire autant de l'entretien des cabinets d'aisances, des plombs, du mauvais état de propreté des chambres ou chambrées, des couloirs, des escaliers, qui sont quelquefois remplis d'ordures laissées par des locataires et que les logeurs ne prennent pas le soin de faire enlever régulièrement, etc.

De plus, les injonctions faites par la Commission des logements insalubres doivent s'adresser au propriétaire de l'immeuble, alors qu'il ne s'agit bien souvent que de réparations locatives qui incombent au principal locataire.

Enfin la procédure établie par la loi du 13 avril 1850 est très longue et fort compliquée. Un propriétaire qui veut résister aux injonctions de la Commission des logements insalubres peut entraver l'action de l'Administration pendant près de deux ans, en épuisant tous les moyens que la loi met à sa disposition. Il a un délai d'un mois pour présenter ses observations, à la suite du dépôt du rapport au Secrétariat de la Mairie ; il faut ensuite obtenir une délibération du Conseil municipal : un second délai d'un mois est accordé pour le recours devant le Conseil de Préfecture contre cette délibération ; enfin, si l'arrêt du Conseil de Préfecture n'est point favorable à ses prétentions, le propriétaire peut encore se pourvoir devant le Conseil d'État.

En outre, à l'expiration de tous ces délais et de ceux que nécessite l'instruction des pourvois devant chaque juridiction, le propriétaire est condamné par le Tribunal correctionnel à une amende de 16 à 100 francs. Mais il ne peut être procédé aux travaux d'office, et l'Administration doit attendre, pour reprendre les poursuites, s'il y a lieu, qu'une année soit expirée depuis la condamnation devenue définitive.

Quand il s'agit, au contraire, de prescriptions imposées en vertu d'une ordonnance de police, la procédure est beaucoup plus rapide.

En cas d'inexécution dans les délais fixés (généralement de quinze à trente jours), des procès-verbaux sont transmis au tribunal de simple police, qui condamne les contrevenants à l'amende et à l'exécution des travaux prescrits. L'autorité municipale peut ensuite interdire de louer en garni, tant qu'il n'est pas donné satisfaction à ses injonctions.

Or, en matière d'hygiène publique, la promptitude dans l'exécution des prescriptions est un des éléments les plus indispensables au succès.

Il convient d'ajouter encore que l'action de la Commission des logements insalubres ne peut s'exercer en dehors de la Ville de Paris. Les membres de cette Commission n'auraient donc pu visiter les garnis situés dans les communes du département de la Seine. Les attributions du Préfet de Police, en matière de salubrité publique, s'étendent au contraire à tout le département de la Seine, en vertu de l'arrêté du 3 brumaire an IX et de la loi du 10 juin 1853. Il en résulte que le Préfet de Police seul pouvait réglementer d'une façon générale les conditions que doivent remplir, au point de vue de la salubrité, les hôtels meublés et logements loués en garni, aussi bien à Paris que dans les communes situées dans le ressort de la Préfecture.

Cette question avait une grande importance au point de vue de l'unité dans les prescriptions.

D'un autre côté, on ne pouvait laisser en dehors de la réglementation proposée les garnis situés dans les communes suburbaines.

Les personnes qui habitent dans ces garnis sont en effet pour la plupart des ouvriers ou des employés qui se rendent chaque jour à Paris pour se livrer à leurs occupations. Par suite de cet échange de communications, les intérêts de la

Ville de Paris, en matière d'hygiène publique, sont intimement liés à ceux des communes du département de la Seine. Qu'une épidémie vienne à se déclarer dans une de ces communes, il n'est pas douteux qu'elle ne tardera pas à étendre ses ravages jusqu'à la Ville de Paris.

Or, il y a longtemps qu'on a mentionné le rôle que jouent les garnis dans la propagation des épidémies. Dès 1832, un savant hygiéniste, Villermé, dans une note sur les ravages du choléra dans les maisons garnies de Paris, du 29 mars au 1er août 1832, signalait les garnis de certains arrondissements de Paris comme les propagateurs de la terrible épidémie, et montrait par des chiffres que la mortalité cholérique avait été d'autant plus considérable que ces garnis étaient moins bien tenus (*Annales d'hygiène et de médecine légale*, t. XI).

Les observations qui précèdent démontrent qu'en fait il était indispensable de confier à la Préfecture de Police, plutôt qu'à la Commission des logements insalubres, le soin de surveiller et d'assurer l'exécution des prescriptions relatives à la salubrité des hôtels meublés et des logements loués en garni.

D'ailleurs, l'article 7 de l'arrêté du 12 messidor an VIII charge expressément le Préfet de Police de « faire exécuter les lois et règlements de police concernant les hôtels garnis et les logeurs », et l'arrêté du 3 brumaire an IX a conféré dans la banlieue toute compétence au Préfet de Police en cette matière.

On pouvait se demander seulement si, en dehors de la loi du 13 avril 1850, les mesures de salubrité prescrites à l'égard des garnis sont implicitement autorisées par les lois de police municipale. L'affirmative ne paraît pas douteuse.

Sans remonter au delà de la Révolution, on voit dans le décret de l'Assemblée nationale du 14 décembre 1789 que les fonctions propres au pouvoir municipal sont de faire jouir les habitants des avantages d'une bonne police, notamment de la propreté, de la *salubrité* dans les rues et *lieux publics*.

La loi des 16-24 août 1790 confie également à la vigilance et à l'autorité des corps municipaux le soin de prévenir par des précautions convenables et de faire cesser les accidents et fléaux calamiteux tels que les épidémies.

L'arrêté du 12 messidor an VIII, rendu en exécution de la loi du 28 pluviôse an VIII (1) charge à son tour le Préfet de Police d'assurer la salubrité de la Cité.

Enfin, comme il est dit plus haut, l'arrêté du 3 brumaire an IX et la loi du 10 juin 1853 donnent au Préfet de Police la même attribution, en ce qui concerne toutes les communes du département de la Seine.

On le voit, c'est à l'autorité municipale, et, à Paris ainsi que dans le département de la Seine, au Préfet de Police, qu'incombe le devoir de prendre toutes les mesures relatives à la salubrité publique.

C'est d'ailleurs ce qui a été reconnu par un arrêt du Conseil d'État, du 9 juin 1870, dont il importe de citer l'extrait ci-après :

« Considérant, dit cet arrêt, que le Préfet de Police doit prescrire dans les lieux publics, et même dans les locaux privés, toutes les mesures qui intéressent d'une manière générale la salubrité publique et, notamment, en ce qui concerne les encombrements, les amas d'immondices et de substances malsaines, les exhalaisons dangereuses, l'abandon des animaux morts, la visite de ceux atteints de mal contagieux, celle des échaudoirs-fondoirs, des salles de dissection, l'accumulation des eaux croupissantes, et, en général, tous les objets énumérés en l'article 23 de l'arrêté du 12 messidor an VIII, et, dans les cas urgents, tels que ceux d'épidémie ou de calamité publique, toutes autres mesures qu'exigerait l'intérêt de la santé publique, etc... »

D'un autre côté, en ce qui touche plus spécialement la salubrité des garnis, il est certain qu'on ne pourrait admettre facilement la non-intervention de l'administration de la police.

Les garnis sont, comme tous les lieux publics, placés par la loi du 22 juillet 1791, par l'arrêté du 12 messidor an VIII, art. 7, et par l'article 475 du Code pénal, sous la surveillance

---

(1) Art. 16. — A Paris, un Préfet de Police sera chargé de ce qui concerne la police.

immédiate de la police qui y a obligatoirement ses entrées. Cette action ne saurait se borner à la sûreté des personnes, elle doit s'étendre, dans la pensée du législateur, qui ne l'a limitée par aucune restriction, jusqu'à la salubrité intérieure du logis. De plus, l'article 2 du décret du 15 décembre 1851, disposition postérieure d'une année à la loi sur les logements insalubres, attribue au Conseil d'Hygiène publique et de Salubrité du département de la Seine une compétence spéciale à cet égard, par référence à l'article 9 de l'arrêté du 18 décembre 1848 dont les paragraphes 1 et 7 visent particulièrement les locaux habités par de grandes agglomérations d'individus.

La Cour de Cassation a décidé, par un arrêt du 3 août 1866, que :

« C'est le Préfet de Police, à Paris, qui est investi du pouvoir de prendre toutes les mesures nécessaires pour prévenir les épidémies et les maladies contagieuses, et pour assurer le maintien de la santé publique; que c'est en vertu de ce pouvoir qu'il détermine par des arrêtés, *eu égard à l'étendue et à la disposition des lieux, le nombre des pensionnaires que les sages-femmes peuvent recevoir à la fois dans leurs maisons d'accouchement*, afin d'empêcher que, dans un intérêt de spéculation, les femmes enceintes y soient accumulées dans des conditions dangereuses pour elles-mêmes et pour la cité tout entière. » *(D. P. 66, 1. 451-452.)*

Cette décision est d'autant plus remarquable, que les maisons d'accouchement ne peuvent être confondues avec les lieux ou établissements publics, sur lesquels la Police est appelée à exercer une surveillance incessante, et que l'autorité administrative n'est investie d'aucun droit particulier de réglementation et de surveillance, concernant l'exploitation ou la tenue de ces maisons.

Or, si le Préfet de Police, dans l'intérêt de la salubrité et pour le maintien de la santé publique, peut pénétrer dans l'intérieur d'une maison particulière, d'un établissement privé; s'il peut imposer à l'exploitant, dans cet intérêt spécial, une réglementation rigoureuse, bien qu'il n'ait point là un pouvoir général de police et de surveillance semblable à celui qu'il exerce sur les maisons garnies et autres lieux publics; à plus forte raison on ne saurait lui contester ce droit quand il s'adresse aux garnis sur lesquels son pouvoir de police s'étend d'une manière générale et sans limite.

Et l'on peut ajouter que, sans faire obstacle au principe de la liberté de l'industrie, son pouvoir va jusqu'à ordonner la fermeture de ces établissements, si les propriétaires ou exploitants persistent à ne point se conformer aux prescriptions édictées dans l'intérêt de l'ordre, de la sécurité ou de la salubrité publique. Le Conseil d'État a en effet reconnu ce pouvoir à l'autorité municipale pour la fermeture d'une salle de bal. Il a déclaré que cette autorité étant chargée de la police des lieux publics, la décision par laquelle un maire avait ordonné, dans un intérêt public et de police, la fermeture d'une salle de bal, n'était pas susceptible de lui être déférée pour excès de pouvoir. (Arrêt du 29 juin 1870.)

En résumé, dans l'état actuel de la législation, le Préfet de Police a tous les pouvoirs nécessaires pour réglementer les conditions de salubrité intérieure des lieux et établissements publics. Dans l'exercice de ces pouvoirs, il peut déterminer le cube d'air minimum nécessaire au logement des individus dans les maisons garnies, le nombre maximum des lits à renfermer dans une même chambrée, imposer aux logeurs et hôteliers l'obligation de lui dénoncer les cas de maladies épidémiques ou contagieuses qui viendraient à se déclarer dans leurs logements, enfin, ordonner la fermeture des maisons garnies dont l'insalubrité momentanée ou continuelle paraîtrait de nature à compromettre plus ou moins gravement la santé publique.

Sa compétence ainsi établie, le Préfet de Police, au commencement de l'année 1878, demanda au Conseil d'Hygiène d'examiner les mesures de salubrité qu'il conviendrait d'imposer aux logeurs. A la suite d'un rapport de M. le Dr Delpech, le Conseil de Salubrité adopta un projet de règlement qui est devenu l'ordonnance de police du 7 mai 1878. Cet acte est le premier qui concerne la salubrité des logements loués en garni dans le département de la Seine.

L'article 1er de ce règlement portait que, dans un délai de cinq jours, à partir de la déclaration prescrite par l'ordonnance de police du 15 juin 1832, les locaux destinés à la location en garni seraient visités par des agents de l'Administration. Ceux-ci devaient s'assurer de l'état de salubrité des lieux et de l'exécution des prescriptions hygiéniques concernant les habitations (ordonnance du 23 novembre 1853 et Instruction du Conseil d'Hygiène annexée à cette ordonnance). De son côté, le logeur ne pouvait recevoir de locataires qu'à partir du jour où il lui aurait été donné acte de sa déclaration.

Les articles 2, 3, 4, 5, 6, 7, 8, 9, 10 et 11 concernaient l'aération et la ventilation des chambres et chambrées, le nombre des personnes qui pourraient y être reçues, l'entretien en bon état du sol, des murs, cloisons et plafonds, des cabinets d'aisances, urinoirs, plombs, corridors, paliers et escaliers, l'approvisionnement d'eau suffisant pour assurer la propreté et la salubrité des immeubles loués en garni et pour répondre aux besoins des locataires, enfin l'interdiction de louer des caves en garni.

L'article 13 obligeait les logeurs à se conformer tant aux prescriptions de la nouvelle ordonnance qu'à celles de l'ordonnance du 23 novembre 1853.

On remarque tout d'abord que l'article 1er de ce règlement fixait un délai de cinq jours pour la visite des locaux destinés à la location en garni. Ce terme très court avait paru indispensable pour concilier le principe de la liberté de l'industrie avec l'intérêt de la santé publique. Il fallait donc que ces visites fussent faites avec rapidité et, d'autre part, il était indispensable qu'elles fussent confiées à des agents ayant une sérieuse instruction technique, puisqu'ils auraient à décider si les locaux mis en location étaient salubres et à proposer au besoin les travaux d'appropriation nécessaires.

CHAPITRE II

Création du Service d'Inspection sanitaire.

L'ordonnance du 7 mai 1878 fut immédiatement mise en application.

Malheureusement, il n'existait point de service spécialement chargé de l'inspection des garnis au point de vue sanitaire. L'Administration pensa, tout d'abord, à confier cette mission aux architectes de la Préfecture de Police, qui semblaient en effet les agents les plus compétents à ce point de vue, et, par un mémoire en date du 8 juin 1878, elle demanda au Conseil municipal de la Ville de Paris les crédits nécessaires pour l'augmentation du nombre des architectes.

Les architectes de la Préfecture de Police, au nombre de onze, dont un architecte en chef, ont déjà des attributions multiples. Ils font chaque année environ 7.000 rapports de toute nature: comment auraient-ils pu assurer, avec la célérité voulue, en même temps que leur service, la visite des cinq ou six mille garnis déclarés annuellement ?

D'autre part, le but n'aurait pas été atteint, si, à côté des garnis faisant l'objet de nouvelles déclarations, on en avait laissé subsister d'anciens, où les dispositions prescrites par l'ordonnance du 7 mai 1878 n'auraient pas été observées. Pour obtenir les résultats désirables, il convenait que tous les garnis, anciens ou nouveaux, fussent l'objet de visites fréquentes du Service sanitaire.

En 1883, le Conseil municipal, par une délibération en date du 8 juin, autorisa la création d'un service spécial d'inspection sanitaire des logements loués en garni. Cette création, qui fut réalisée le 1er juillet de la même année, ne comportait tout d'abord que neuf emplois d'inspecteur (cinq titulaires, 4 suppléants).

De 1878 jusqu'à cette époque, la Préfecture de Police avait dû se borner à faire visiter, soit par les Commissions d'hygiène, soit par des délégués du Conseil d'Hygiène, soit par son service d'architecture, les immeubles dans lesquels s'étaient produits des cas de maladies contagieuses, et à prendre les dispositions de nature à enrayer le mal. Quant aux mesures préventives, et à la visite des garnis lors de leur installation, rien n'avait pu être fait.

Aux termes de l'arrêté du 20 juillet 1883, qui avait organisé le nouveau service, chaque inspecteur titulaire ou inspecteur suppléant était tenu de fournir dans les quarante-huit heures, un rapport spécial sur chaque garni qu'il était invité à visiter. En cas de contestation, une contre-visite devait être faite par les soins d'architectes relevant du service spécial d'architecture, auxquels étaient alloués des frais de déplacement fixés par la délibération du Conseil municipal.

A raison de son faible effectif, le Service d'Inspection institué par cet arrêté ne put suffire à sa tâche dès ses débuts. Le Conseil municipal, par une nouvelle délibération en date du 30 décembre 1884, reconnut qu'il y avait lieu de porter le nombre des inspecteurs à quatorze (dix titulaires et quatre suppléants). Par arrêté, en date du 13 janvier 1885, le Préfet de Police divisa le territoire de la ville de Paris en dix circonscriptions, et attacha un inspecteur titulaire à chacune de ces circonscriptions. Quant aux inspecteurs suppléants, ils étaient chargés de remplacer les inspecteurs titulaires en cas d'absence ou de maladie. Ils devaient, en outre, faire les contre-visites demandées par les intéressés, et vérifier à l'occasion l'exécution des mesures et des travaux d'assainissement imposés aux logeurs, notamment dans le cas où cette vérification pouvait exiger une appréciation technique exigeant les lumières et l'expérience d'hommes spéciaux.

De son côté, le Conseil général du département de la Seine, dans sa séance du 21 novembre 1884, avait décidé qu'il y avait lieu d'instituer également un service d'inspection sanitaire des logements loués en garni, dans les communes suburbaines du ressort de la Préfecture de Police. Il avait voté à cet effet les crédits nécessaires pour la création de quatre emplois d'inspecteur de la banlieue.

Dès les commencements de l'année 1885, le Service d'Inspection se composait donc de dix-huit inspecteurs :

10 titulaires. . } pour la ville de Paris.
et 4 suppléants. }

4 titulaires pour les communes du ressort de la Préfecture de Police.

Enfin, en 1889, le Conseil municipal vota encore la création de cinq nouveaux emplois d'inspecteurs : 4 pour Paris et 1 pour la Banlieue.

La dépense inscrite aux budgets municipal et départemental, pour le service sanitaire des logements loués en garni, s'élève actuellement à la somme totale de 86.400 francs qui se répartit ainsi :

Budget municipal.	Traitement de 15 inspecteurs (dont 1 pour la Banlieue) à 3.000 fr. . . Fr.	45.000
	Allocation temporaire à 4 inspecteurs suppléants (125 francs par mois à chacun) . . . . . . Fr.	6.000
	Frais de déplacement	15.000
	Frais d'imprimés	3.200
Budget départemental Chap. IX, art. 81.	Traitement de 4 inspecteurs à 3.000 francs. . . . . Fr.	12.000
	Indemnités de déplacement . . .	2.000
	1 Commis.	3.000
	Frais d'imprimés	200
	Fr.	86.400

CHAPITRE III

Réglementation actuelle. — Ordonnances de police du 25 octobre 1883 et du 16 mai 1887.

On a vu plus haut que la première ordonnance concernant la salubrité des garnis datait du 7 mai 1878. Comme il arrive généralement pour toute réglementation nouvelle, l'expérience après quelques années démontra la nécessité d'apporter au texte de cette ordonnance quelques modifications. De plus, l'Administration reconnut qu'il était utile de réunir en une seule ordonnance, toutes les prescriptions antérieures relatives à la police proprement dite aussi bien qu'à la salubrité des garnis. Elle profita donc de la création, en 1883, du Service d'Inspection sanitaire pour publier un nouveau règlement. C'est l'ordonnance de police du 25 octobre 1883, qui est encore actuellement en vigueur et dont il importe de reproduire le texte.

Ordonnance de Police du 25 octobre 1883

CONCERNANT LES LOGEMENTS LOUÉS EN GARNI

NOUS, Préfet de Police,

Vu l'ordonnance de police du 6 novembre 1778;

Les lois des 16-24 août 1790 et 19-22 juillet 1791;

Les arrêtés des consuls des 12 messidor an VIII et 3 brumaire an IX;

La loi du 7 août 1850;

Les articles 471 § 15 et 475 du Code pénal;

Les ordonnances de police du 15 juin 1832, concernant les aubergistes, maîtres d'hôtels garnis et logeurs, et du 23 novembre 1853, concernant la salubrité des habitations;

L'ordonnance de police du 9 mai 1878, sur la salubrité des logements loués en garni;

Considérant qu'il y a lieu de reviser, notamment au point de vue de l'hygiène, les prescriptions concernant les garnis,

ORDONNONS CE QUI SUIT :

ARTICLE PREMIER. — Sont considérées comme logeurs de profession et, à ce titre, sont astreintes à l'exécution des dispositions réglementaires ci-après, les personnes qui louent *en garni* tout ou partie d'une maison, soit dans les termes et délais en usage pour les locations en garni, soit dans les termes et délais déterminés par le droit commun pour les locations en général.

§ 1er

Installation des garnis.

ART. 2. — Aucune maison ou partie de maison ne pourra être livrée à la location en garni qu'après une déclaration faite à la Préfecture de Police.

ART. 3. — Cette déclaration devra être accompagnée :

1° De l'acte de naissance du déclarant;

2° D'un certificat de résidence et de moralité délivré par le commissaire de police de sa circonscription ou par le maire de sa commune;

3° D'un extrait de son casier judiciaire délivré depuis un mois au plus;

4° D'un état indiquant le nombre de chambres devant être louées en garni, avec leurs dimensions exactes, ainsi que le nombre des lits contenus dans chacune d'elles.

ART. 4. — Le logeur ne pourra recevoir des locataires qu'à partir du jour où il lui aura été délivré, par la Préfecture de Police, un récépissé de sa déclaration.

Ce récépissé mentionnera les nom et prénoms du logeur, la rue et le numéro du garni, le nombre des pièces pouvant être louées et le nombre des locataires qu'elle pourra contenir.

Il ne sera délivré que si le logeur présente, au point de vue de la moralité, des garanties satisfaisantes, et si les locaux proposés sont reconnus salubres dans les conditions indiquées ci-après.

ART. 6. — La déclaration doit être renouvelée toutes les fois que le garni sera tenu par un nouvel exploitant.

§ II

Mesures d'ordre.

ART. 7. — Le logeur devra placer extérieurement, et conserver constamment sur la porte d'entrée de la maison, un tableau indiquant que tout ou partie de la maison est loué en garni; les lettres de ce tableau ne devront pas avoir moins de $0^m,08$ de hauteur; elles seront noires sur fond jaune.

ART. 8. — Le logeur doit numéroter les appartements ou chambres meublés.

ART. 9. — Il est tenu d'avoir un registre pour l'inscription immédiate des voyageurs.

Ce registre doit être coté et paraphé par le commissaire de police du quartier (1).

Le logeur le représentera à toute réquisition, soit aux commissaires de police qui le viseront, soit aux officiers de paix ou autres préposés de la Préfecture de Police, qui pourront aussi le viser. Ledit registre sera soumis à la fin de chaque mois au visa du commissaire de police du quartier.

ART. 10. — Il est défendu aux logeurs de donner retraite aux vagabonds, mendiants et gens sans aveu. Il leur est aussi défendu de recevoir habituellement des filles de débauche.

---

(1) Code pénal, art. 73. — Les aubergistes et hôteliers convaincus d'avoir logé, plus de vingt-quatre heures quelqu'un qui, pendant son séjour, aurait commis un crime ou un délit, seront civilement responsables des restitutions, des indemnités et des frais adjugés à ceux à qui ce crime ou ce délit aurait causé quelque dommage, faute par eux d'avoir inscrit sur leur registre le nom, la profession et le domicile du coupable; sans préjudice de leur responsabilité dans le cas des articles 1952 et 1953 du Code civil.

Code pénal, art. 154..... Les logeurs et aubergistes qui, sciemment, inscriront sur leurs registres, sous des noms faux ou supposés, les personnes logées chez eux ou qui, de connivence avec elles, auront omis de les inscrire, seront punis d'un emprisonnement de six jours au moins et de trois mois au plus.

Code pénal, art. 475. — Seront punis d'amende depuis six francs jusqu'à dix francs inclusivement... § 2. Les aubergistes, hôteliers, logeurs ou loueurs de maisons garnies, qui auront négligé d'inscrire de suite et sans aucun blanc, sur un registre tenu régulièrement, les noms, qualités, domiciles habituels, dates d'entrée et de sortie de toute personne qui aurait couché ou passé une nuit dans leurs maisons; ceux d'entre eux qui auraient manqué à représenter ce registre aux époques déterminées par les règlements, ou lorsqu'ils en auraient été requis, aux maires, adjoints, officiers ou commissaires de police, ou aux citoyens commis à cet effet : le tout sans préjudice des cas de responsabilité mentionnés en l'article 73 du présent Code, relativement aux crimes ou délits de ceux qui, ayant logé ou séjourné chez eux, n'auraient pas été régulièrement inscrits.

§ III

Mesures de salubrité.

Art. 11. — Le nombre des locataires qui pourront être reçus dans chaque chambre sera proportionnel au volume d'air qu'elle contiendra. Ce volume ne sera jamais inférieur à quatorze mètres cubes par personne. La hauteur sous plafond ne devra pas être inférieure à $2^{m},50$.

Le nombre maximum des personnes qu'il sera permis de recevoir dans chaque pièce y sera affiché d'une manière apparente.

Art. 12. — Le sol des chambres sera imperméable et disposé de façon à permettre de fréquents lavages, à moins qu'il ne soit planchéié et frotté à la cire ou peint au siccatif.

Les murs, les cloisons et les plafonds seront enduits en plâtre; ils seront maintenus en état de propreté et, de préférence, peints à l'huile ou badigeonnés à la chaux.

Les peintures seront lessivées ou renouvelées au besoin tous les ans.

On ne pourra garnir de papier que les chambres à un ou deux lits, et ces papiers seront remplacés toutes les fois que cela sera jugé nécessaire.

Art. 13. — Les chambres doivent être convenablement ventilées.

Les chambrées, c'est-à-dire les chambres qui contiennent plus de quatre locataires, devront être pourvues d'une cheminée ou de tout autre moyen d'aération permanente.

Art. 14. — Il est défendu d'admettre dans les chambrées des personnes de sexes différents.

Art. 15. — Il est interdit de louer en garni des chambres qui ne seraient pas éclairées directement ou qui ne prendraient pas air et jour sur un vestibule ou sur un corridor éclairé lui-même directement.

Les chambrées et les chambres qui contiendraient plus de deux personnes devront toujours être éclairées directement.

Art. 16. — Il est interdit de louer des caves en garni. Les sous-sols ne pourront être loués en garni qu'en vertu d'autorisations spéciales.

Art. 17. — Les cheminées et conduits de fumée doivent être établis dans de bonnes conditions au point de vue du danger d'incendie. Les conduits auront des dimensions ou des dispositions telles que la chaleur produite ne puisse être la cause d'une incommodité grave pour les habitants de la maison.

Les conduits seront, en outre, entretenus en bon état et nettoyés ou ramonés fréquemment. (*Ordonnance de police du 15 septembre 1875.*)

Art. 18. — Il n'y aura pas moins d'un cabinet d'aisances pour chaque fraction de vingt personnes.

Art. 19. — Ces cabinets, peints au blanc de zinc et tenus dans un état constant de propreté, seront suffisamment aérés et éclairés directement.

Un réservoir ou une conduite d'eau en assurera le nettoyage.

A défaut de réservoir ou de conduite d'eau, une désinfection journalière sera opérée au moyen d'une solution (1) dont quelques litres seront toujours laissés dans les cabinets.

Les cabinets devront être munis d'appareils à fermeture automatique. Si l'Administration le juge nécessaire, un siphon obturateur sera établi au-dessous de cette fermeture.

Le sol sera imperméable et disposé en cuvette inclinée, de manière à ramener les liquides vers le tuyau de chute et au-dessus de l'appareil automatique.

Les urinoirs, s'il en existe, seront construits en matériaux imperméables. Ils seront à effet d'eau.

Art. 20. — Les corridors, les paliers, les escaliers et les cabinets d'aisances devront être fréquemment lavés, à moins qu'ils ne soient frottés à la cire ou peints au siccatif, ainsi que cela a été prescrit pour les chambres (art. 12).

Les peintures seront de ton clair.

Art. 21. — Les plombs seront munis d'une fermeture hermétique, lavés et désinfectés souvent.

Les gargouilles, caniveaux et tuyaux d'eaux pluviales et ménagères seront entretenus avec le même soin.

Art. 22. — Chaque maison louée en garni sera pourvue d'une quantité d'eau suffisante pour assurer la propreté et la salubrité de l'immeuble et pour subvenir aux besoins des locataires.

Art. 23. — Un service spécial d'inspecteurs de la salubrité des garnis est chargé de s'assurer que les conditions exigées par la présente ordonnance sont remplies. Les logeurs sont tenus de les recevoir aussi souvent qu'ils se présenteront.

Art. 24. — Toutes les fois qu'un cas de maladie contagieuse ou épidémique se sera manifesté dans un garni, la personne qui tiendra ce garni devra en faire immédiatement la déclaration au commissariat de police de son quartier ou de sa circonscription, lequel nous transmettra cette déclaration.

Un médecin délégué de l'Administration ira constater la nature de

(1) Par exemple : du chlorure de zinc, à raison de 50 grammes par litre d'eau.

la maladie et provoquer les mesures propres à en prévenir la propagation.

Le logeur sera tenu de déférer aux injonctions qui lui seront adressées à la suite de cette visite.

DISPOSITIONS GÉNÉRALES

ART. 25. — Le récépissé dont il est question à l'article 4 ci-dessus pourra être retiré en cas de non-exécution des prescriptions contenues dans la présente ordonnance.

ART. 26. — Lorsque le logeur cessera d'exercer sa profession, il devra immédiatement déposer au commissaire de police de son quartier ou de sa circonscription le récépissé de sa déclaration et le registre mentionné à l'article 9 ci-dessus.

ART. 27. — Sont abrogées toutes les dispositions des ordonnances antérieures qui seraient contraires aux dispositions de la présente.

ART. 28. — Les maires et les commissaires de police des communes du ressort de la Préfecture de Police, les commissaires de police de Paris, le chef de la Police municipale et les autres préposés de la Préfecture de Police sont chargés, chacun en ce qui le concerne, de tenir la main à l'exécution de la présente ordonnance.

Le Préfet de Police,
E. CAMESCASSE.

Par le Préfet de Police :
Le Secrétaire général,
VEL-DURAND.

L'ordonnance qui précède a été complétée par une nouvelle ordonnance de police du 16 mai 1887, applicable aux chambrées, c'est-à-dire aux chambres contenant plus de quatre locataires, et qui avait pour but d'empêcher les logeurs d'éluder les prescriptions relatives au nombre des locataires pouvant être reçus dans ces locaux.

L'article premier est ainsi conçu :

Ordonnance du 16 mai 1887. — ARTICLE PREMIER. — Il est enjoint aux hôteliers-logeurs d'indiquer soit sur la porte de chaque *chambrée*, soit près de cette porte, le nombre maximum des locataires que peut recevoir la dite *chambrée*.

Cette inscription devra être faite au moyen de la peinture à l'huile, en caractères suffisamment apparents.

CHAPITRE IV

Fonctionnement du Service d'inspection.

Nous avons dit (page 16) que le Service de l'Inspection sanitaire des hôtels meublés et des logements loués en garni comprend actuellement :

14 Inspecteurs titulaires;
4 — suppléants pour la ville de Paris.
5 — titulaires pour les communes du ressort de la Préfecture de Police.

Tous ces Inspecteurs sont recrutés parmi des docteurs en médecine ou des architectes.

Ce service fonctionne suivant les règles et les conditions déterminées par l'arrêté du Préfet de Police du 17 juin 1889, ainsi conçu :

Arrêté du 17 Juin 1889

PORTANT RÉORGANISATION ET FONCTIONNEMENT DU SERVICE D'INSPECTION SANITAIRE DES LOGEMENTS LOUÉS EN GARNI A PARIS ET DANS LES COMMUNES DU RESSORT DE LA PRÉFECTURE DE POLICE.

ARTICLE PREMIER. — Le service d'inspection de la salubrité des garnis, institué près la Préfecture de Police, comprendra à l'avenir quatorze inspecteurs titulaires et quatre inspecteurs suppléants pour la ville de Paris, cinq inspecteurs titulaires pour les communes du ressort de la Préfecture de Police.

ART. 2. — Le traitement des inspecteurs titulaires est fixé à 3.000 francs; il leur est en outre alloué une somme de 500 francs par an pour frais de déplacement.

Les inspecteurs suppléants recevront une indemnité mensuelle de

125 francs; il leur est alloué également une somme de 500 francs par an pour frais de déplacement.

Art. 3. — Le territoire de la ville de Paris est divisé en quatorze circonscriptions, et celui compris dans le ressort de la Préfecture de Police, en dehors du périmètre de la ville de Paris, en cinq circonscriptions, conformément au tableau ci-annexé.
Un inspecteur titulaire est attaché plus spécialement à chacune de ces circonscriptions.

Art. 4. — L'inspecteur titulaire devra visiter, au moins une fois par an, tous les logements livrés à la location en garni dans sa circonscription.

Art. 5. — Tout garni nouvellement ouvert ou devenu l'objet d'un changement de propriétaire devra être visité par l'inspecteur titulaire de la circonscription où il se trouve, dans un délai de cinq jours.

Art. 6. — Tout garni dans lequel se serait déclaré un cas de maladie contagieuse devra être visité d'urgence par l'inspecteur titulaire de la circonscription, en vue des mesures qu'il pourrait y avoir lieu de prescrire dans l'intérêt de la santé publique.

Art. 7. — En cas d'absence ou de maladie d'un inspecteur titulaire des garnis de la ville de Paris, les visites prévues par les articles 5 et 6 du présent arrêté seront faites par l'un des inspecteurs suppléants désigné par le bureau d'attributions.
En cas d'absence ou de maladie d'un inspecteur titulaire des garnis des communes du ressort de la Préfecture de Police, ces visites seront faites par l'un de ses collègues qui sera désigné par le bureau d'attributions.

Art. 8. — Les notes ou rapports concernant chaque garni visité nous seront adressés au fur et à mesure des visites faites.

Art. 9. — Les inspecteurs titulaires devront adresser avant le 5 de chaque mois au 2e Bureau de la 2e Division, une liste des visites qu'ils auront faites dans le courant du mois précédent.

Art. 10. — Au mois de janvier de chaque année, chaque inspecteur nous fera parvenir un rapport général sur le résultat de ses visites.

Art. 11. — Les inspecteurs suppléants, indépendamment des remplacements prévus par l'article 7, seront plus spécialement chargés de faire des contre-visites et de vérifier, à l'occasion, l'exécution des mesures et travaux d'assainissement imposés aux logeurs.

Art. 12. — Les arrêtés réglementaires des 20 juillet 1883, 27 décembre 1884 et 13 janvier 1885 sont rapportés.

Art. 13. — Le Secrétaire général de la Préfecture de Police et le Chef de la 2e Division sont chargés de l'exécution du présent arrêté, dont une ampliation sera délivrée à chacun des inspecteurs du Service sanitaire des garnis.

Le Préfet de Police,
H. LOZÉ.

Pour ampliation :
Le Secrétaire général,
L. LÉPINE.

TABLEAU DES CIRCONSCRIPTIONS D'INSPECTION

I. — Ville de Paris.

Première circonscription. — Quartiers : Halles, Palais-Royal, Vivienne, Mail, Bonne-Nouvelle, Arts-et-Métiers.

Deuxième circonscription. — Quartiers : Saint-Germain-l'Auxerrois, Place-Vendôme, Odéon, Notre-Dame-des-Champs, Saint-Thomas-d'Aquin, Invalides, Ecole-Militaire, Gros-Caillou.

Troisième circonscription. — Quartiers : Gaillon, Europe, Saint-Georges, Chaussée-d'Antin, Faubourg-Montmartre.

Quatrième circonscription. — Quartiers : Enfants-Rouges, Archives, Sainte-Avoie, Saint-Merry, Saint-Gervais, Arsenal, Notre-Dame.

Cinquième circonscription. — Quartiers : Saint-Victor, Sorbonne, Monnaie, Saint-Germain-des-Prés.

Sixième circonscription. — Quartiers : Val-de-Grâce, Jardin-des-Plantes, Salpêtrière, Croulebarbe, Maison-Blanche, Santé, Montparnasse, Petit-Montrouge.

Septième circonscription. — Quartiers : Champs-Elysées, Faubourg-du-Roule, Madeleine, Auteuil, Muette, Bassins.

Huitième circonscription. — Quartiers : Porte-Saint-Denis, Porte-Saint-Martin, Hôpital-Saint-Louis, Folie-Méricourt, Belleville.

Neuvième circonscription. — Quartiers : Plaisance, Saint-Lambert, Necker, Grenelle, Javel.

Dixième circonscription. — Quartiers : Porte-Dauphine, Ternes, Plaine-Monceau, Batignolles, Epinettes.

Onzième circonscription. — Quartiers : Grandes-Carrières, Clignancourt, Goutte-d'Or, Rochechouart.

Douzième circonscription. — Quartiers : Saint-Vincent-de-Paul, La Chapelle, La Villette, Pont-de-Flandre, Combat.

Treizième circonscription. — Quartiers : Saint-Ambroise, La Roquette, Amérique, Saint-Fargeau, Père-Lachaise, Charonne.

Quatorzième circonscription. — Quartiers : Sainte-Marguerite, Bel-Air, Picpus, Bercy, Quinze-Vingts, Gare.

II. — Communes du ressort de la Préfecture de Police.

Première circonscription. — Communes de Puteaux, Suresnes, Boulogne, Saint-Cloud, Sèvres, Meudon, Issy, Clamart, Vanves, Malakoff, Montrouge, Châtillon, Bagneux, Fontenay-aux-Roses, Sceaux, Antony, Bourg-la-Reine, Châtenay, Plessis-Piquet.

Deuxième circonscription. — Communes de Nanterre, Neuilly, Levallois-Perret, Courbevoie, Colombes, Clichy, Asnières, Gennevilliers.

Troisième circonscription. — Communes de Saint-Ouen, Saint-Denis, Épinay, Enghien-les-Bains, Stains, Pierrefitte, Villetaneuse, Ile-Saint-Denis, Aubervilliers, La Courneuve, Dugny.

Quatrième circonscription. — Communes de Pré-Saint-Gervais, Drancy, Pantin, Bobigny, Le Bourget, Vincennes, Saint-Mandé, Fontenay-sous-Bois, Bry-sur-Marne, Nogent-sur-Marne, Montreuil, Rosny-sous-Bois, Villemomble, Les Lilas, Bagnolet, Noisy-le-Sec, Romainville, Bondy, Le Perreux.

Cinquième circonscription. — Communes d'Arcueil, L'Hay, Chevilly, Villejuif, Fresnes, Rungis, Gentilly, Ivry, Vitry, Thiais, Orly, Choisy, Maisons-Alfort, Alfortville, Créteil, Charenton, Saint-Maurice, Bonneuil, Saint-Maur, Champigny, Joinville.

Aux termes des articles 4 et 5 de l'arrêté qui précède, l'inspecteur du Service sanitaire doit visiter au moins une fois par an tous les logements livrés à la location en garni dans sa circonscription. En outre, tout garni nouvellement ouvert ou devenu l'objet d'un changement de propriétaire, doit être visité par l'inspecteur de la circonscription dans un délai de cinq jours.

Dès qu'une nouvelle déclaration est faite à la Préfecture de

Police, conformément à l'article 2 de l'ordonnance du 25 octobre 1883, un *récépissé provisoire* de cette déclaration est remis au logeur, pour lui permettre de commencer immédiatement son exploitation.

En même temps, une feuille de visite est envoyée à l'inspecteur de la circonscription. Cette feuille renferme un état conforme au modèle ci-après.

Bâtiment	Étage	Numéro	Hauteur	Largeur	Longueur	Cube	Nombre de locataires	Aération	Cheminée	OBSERVATIONS
Sur rue..	1er	1	2,60	3,15	4,10	33,57	2	2 fenêtres	1	Blanchir le plafond.
—	2e	2	2,60	2,15	3,15	17,70	1	1 —	1	Refaire les papiers de tenture.
Sur cour..	1er	3	2,60	6,20	8,10	130,57	9	3 —	1	Blanchir murs et plafond.
—	2e	4	2,60	1,80	2,50	11,70	0	1 —	0	Interdire.

L'inspecteur doit procéder dans le plus bref délai à la visite détaillée de l'immeuble, ou de la partie de l'immeuble, livrée à la location en garni. Il mesure la hauteur, la largeur et la longueur de chaque chambre, et indique, d'après la cubature, le nombre de locataires pouvant y être reçus. Il remplit toutes les autres indications demandées dans chacune des colonnes de l'état ci-dessus; puis il fait connaître toutes les prescriptions qu'il y a lieu d'adresser au logeur, au point de vue de la salubrité.

Dès que le rapport de l'inspecteur est parvenu à la Préfecture de Police, le récépissé *provisoire* qui avait été délivré au logeur, est échangé contre un récépissé *définitif*, contenant l'état détaillé des chambres qui peuvent être louées en garni, ainsi que le nombre de locataires pouvant être admis dans chaque pièce. Cet état permet de faire contrôler facilement par les Inspecteurs du Service sanitaire, par les Commissaires de police et par tous les autres agents de l'Administration, si le logeur se conforme strictement aux prescriptions de l'ordonnance relativement au nombre des locataires.

Bien que l'article 11 de l'ordonnance de police du 25 octobre 1883, prescrive un cube d'air minimum de 14 mètres par personne, il arrive cependant que l'Administration, toujours soucieuse de concilier dans la mesure du possible les besoins de l'industrie avec les intérêts de la salubrité publique, autorise, à titre de tolérance, la location de chambres ayant un cube d'air inférieur. Cette tolérance est personnelle et révocable; elle n'est accordée que pour des chambres réalisant toutes les meilleures conditions au point de vue de la propreté, de l'aération, de l'éclairage, etc.; elle peut toujours être retirée, en cas d'inconvénients reconnus.

En effet, certaines chambres ayant, par exemple, un cube d'air de 12 mètres seulement, mais éclairées par une grande fenêtre sur la rue et possédant une cheminée, qui assure d'une façon plus complète une bonne ventilation, peuvent être très habitables. Elles sont certainement moins insalubres que d'autres ayant un cube d'air de 14 à 15 mètres, mais dépourvues de cheminée, et aérées seulement par une fenêtre donnant sur une courette, ou même éclairées en second jour. Or, il semblerait inique d'interdire rigoureusement à l'habitation les premières de ces chambres, quand les secondes se trouvent autorisées par les termes mêmes de l'ordonnance.

Quoi qu'il en soit, les conditions dans lesquelles il y a lieu d'user de tolérance, sont laissées à l'appréciation de l'inspecteur du Service sanitaire.

En outre, la tolérance est toujours refusée dans le cas où les chambres, quelles que soient d'ailleurs les conditions de salubrité, ont un cube d'air inférieur à 10 mètres.

Et même pour les chambres qui doivent recevoir plusieurs locataires, la tolérance n'est accordée que si le volume d'air est au moins de $12^{m3},500$ par personne. Il est reconnu en effet que plus sont nombreux les locataires qui couchent dans une même pièce, plus doit être élevé le cube d'air respirable nécessaire à chacun.

D'un autre côté, malgré les termes de l'article 15 de l'ordonnance du 25 octobre 1883, qui autorise les chambres éclairées indirectement, lorsqu'elles prennent air et jour sur un vestibule ou sur un corridor éclairé lui-même directement, il n'est pas rare que la Préfecture de Police interdise à la location en garni des chambres qui se trouvent dans ces conditions. C'est ce qui a lieu, notamment lorsque le vestibule ou le couloir, bien que recevant directement l'air extérieur, sont éclairés et ventilés d'une façon insuffisante, de telle sorte que les chambres se trouvent constamment dans une demi-obscurité et ne possèdent aucun moyen de ventilation. Dans ce cas, l'Administration s'appuie sur l'article 13 de l'ordonnance prescrivant que les Chambres doivent toujours être convenablement ventilées.

On admettra facilement que l'Administration puisse, dans certains cas, tolérer pour la location en garni, des chambres n'ayant pas tout à fait le cube d'air prescrit par l'ordonnance, si l'on considère que le cube de 14 mètres est le maximum exigé dans les autres pays d'Europe où il existe une réglementation spéciale sur la matière. Dans plusieurs capitales, les règlements sont même beaucoup moins rigoureux.

A Bruxelles, il est exigé comme à Paris, que chaque locataire d'un garni puisse disposer de 14 mètres cubes d'air. L'autorisation d'ouvrir des logements de ce genre doit être demandée aux autorités. C'est le Bureau d'hygiène qui les surveille.

En Angleterre, le *Public Health Act*. de 1875, laisse à l'Administration locale le soin de déterminer le nombre des locataires à admettre dans chaque pièce d'un garni (*Common lodging house*). Toutefois les conditions suivantes ont été établies par le *Local Government Board* :

« Une maison louée en garni doit être meublée pour un nombre déterminé de locataires. Dans les chambres ordinaires ventilées par la cheminée et par les fenêtres, il faut environ *8 mètres cubes par personne*. Dans un grand nombre de chambres, à cause des arrangements locaux, il sera nécessaire de fixer un plus grand cube d'air. Si les chambres sont habitées pendant la journée, et si elles ne sont pas bien ventilées, le cube devra être de *10 mètres par personne*. »

A Berlin, « chaque personne doit avoir pour sa part, au moins trois mètres carrés de surface et *10 mètres cubes d'air*. Le volume d'air exigé est réduit à la *moitié* pour les enfants au-dessous de six ans; et aux *deux tiers* pour ceux de six à quatorze ans (1) » *(Polizeï Verordnung, du 17 décembre 1880).* Il convient d'ajouter qu'une disposition spéciale du règlement prescrit que chaque chambre d'un garni doit être aérée tous les jours de 9 heures à 11 heures et de 2 heures à 4 heures.

---

(1) A Paris, il n'est fait aucune distinction à ce point de vue entre les enfants et les grandes personnes. On considère, en effet, que les enfants dont les poumons et les organes respiratoires ne sont pas encore entièrement développés, ont besoin d'une quantité d'air respirable au moins égale à celle nécessaire aux adultes.

CHAPITRE V

Enumération des principales causes d'insalubrité et des mesures généralement prescrites pour y remédier.

Depuis quelques années, des améliorations très notables ont été obtenues dans les garnis de Paris et de la banlieue au point de vue de la salubrité. La plupart de ces établissements qui, autrefois, étaient installés dans des conditions d'insalubrité notoire, sont aujourd'hui complètement transformés. L'ordonnance de police, contre laquelle presque tous les logeurs avaient tout d'abord protesté assez vivement, est peu à peu exécutée, même dans les garnis où les améliorations semblaient le moins facilement réalisables. Les logeurs ont pris l'habitude de se conformer aux prescriptions de l'Administration; ils apportent plus de facilité dans leurs rapports avec l'Inspection et mettent même souvent un certain amour-propre à faire exécuter spontanément les travaux qui sont jugés nécessaires.

Les prescriptions portent principalement sur les points suivants :

1° Interdiction des pièces insalubres, en raison de leur insuffisance de cube ou de leur défaut d'aération ; encombrement de locataires ;

2° Installation défectueuse des cabinets d'aisances ;

3° Fermeture hermétique des plombs servant à l'évacuation des ordures ménagères ;

4° Peinture des plafonds et des murs des chambres mises en location ; renouvellement des papiers de tenture ;

5° Stagnation des eaux ménagères dans les cours et courettes ;

6° Blanchiment des façades ;

7° Absence d'eau ;

8° Précautions contre l'humidité ;

9° Enduit en plâtre des cloisons en bois ;

10° Tuyaux de fumée traversant les chambres.

1° *Interdiction des pièces insalubres. — Encombrement.* — Une des causes d'insalubrité qui se présente le plus fréquemment dans les garnis résulte de l'encombrement de locataires dans les chambres et de la location clandestine de certaines pièces qui n'ont pas le cube d'air prescrit par l'ordonnance du 25 octobre 1883. La sanction des prescriptions portant sur ce point a présenté pendant quelques années d'assez sérieuses difficultés.

En fait, les choses se passent ainsi :

L'inspecteur du Service sanitaire, en visitant un garni, constate que telle chambre mise en location doit être interdite à l'habitation ; que telle autre contient un nombre de locataires trop considérable. Il en informe le 2e Bureau de la 2e Division.

Le logeur est invité par le Commissaire de police à évacuer les pièces qui doivent être interdites et à ne recevoir dans chaque chambre que le nombre de locataires indiqué sur le récépissé de sa déclaration professionnelle. En général, il défère à cette injonction, et le Commissaire de police, lorsqu'il se présente pour vérifier, ne peut que constater l'exécution de ses prescriptions.

Mais bientôt après, le logeur, croyant n'avoir plus rien à craindre de visites prochaines des agents de la Préfecture, fait occuper de nouveau les pièces interdites. Ce n'est que l'année suivante que, si l'on n'y prend garde, l'inspecteur du Service sanitaire s'en apercevra. Comme celui-ci n'a pas qualité pour verbaliser, il devra se borner à signaler de nouveau le fait à l'Administration.

Il y a quelques années encore, ces infractions étaient très fréquemment commises. Il paraissait d'autant plus difficile de les éviter, que souvent les logeurs, pour plus de garantie, enlevaient pendant le jour les lits placés dans les chambres interdites et les replaçaient seulement pour la nuit. Ce n'est donc que par des visites faites pendant la nuit, ou tout au moins dès les premières heures du jour, que ces infractions peuvent être constatées. Or, les inspecteurs du Service sanitaire ne peuvent procéder à ces visites.

Pour remédier à ces inconvénients, la Préfecture de Police

a pris des mesures qui ont donné d'excellents résultats et qui garantissent une surveillance presque constante.

De temps en temps, les Commissaires de police sont invités à faire à l'improviste des visites de nuit dans les garnis de leurs quartiers. Ils doivent vérifier si les logeurs se conforment strictement, en ce qui concerne le nombre de leurs locataires, aux indications portées sur le récépissé de leur déclaration.

Dans le cas où ils constatent des infractions, ils dressent immédiatement des procès-verbaux de contravention qui sont transmis au Tribunal de simple police et qui entraînent des condamnations de 1 à 5 francs d'amende (art. 471 du Code pénal), et même la peine d'emprisonnement en cas de récidive légale (art. 474 du Code pénal).

Depuis que ces mesures ont été adoptées, les infractions de cette nature diminuent sensiblement. Les logeurs savent maintenant qu'ils peuvent recevoir à l'improviste la visite du Commissaire de police. Ils osent beaucoup moins s'exposer aux suites toujours graves qu'entraîne pour eux la constatation de ces sortes de contraventions.

2° *Cabinets d'aisances.* — Les prescriptions relatives aux cabinets d'aisances portent principalement sur la peinture des murs à l'huile et au blanc de zinc; l'aération et la ventilation; l'imperméabilité du sol; la fermeture hermétique des tuyaux de chûte.

Ces prescriptions sont généralement exécutées après sommations, mais elles doivent être renouvelées fréquemment, surtout en ce qui concerne les appareils à fermeture hermétique qui se détériorent assez rapidement et ne fonctionnent plus.

Dans la plupart des garnis d'ouvriers, les appareils le plus communément employés fonctionnent seulement par le poids des matières.

Ce système présente de nombreux inconvénients. Pour peu que les appareils soient détériorés, ou simplement oxydés, le poids des matières ne suffit plus pour en assurer le fonctionnement. Celles-ci séjournent et s'accumulent dans les cuvettes, par suite de la négligence des locataires ou des logeurs; elles répandent ainsi l'infection dans l'immeuble. Pour ce motif, l'Administration a décidé qu'il y avait lieu de supprimer progressivement ces sortes d'appareils. Chaque fois que les inspecteurs du Service sanitaire en trouvent encore dont le fonctionnement laisse à désirer, le logeur est aussitôt mis en demeure de les remplacer par tels autres appareils qui leur conviennent, pourvu qu'ils fonctionnent autrement que par le poids des matières.

Il arrive parfois que les cabinets d'aisances qui desservent un garni se composant d'un très petit nombre de chambres sont communs aux locataires de ce garni et aux autres locataires de l'immeuble. Il est difficile alors d'exiger du logeur l'exécution de travaux qui incombent plutôt au propriétaire de l'immeuble. Dans ce cas, la Préfecture de Police croit devoir signaler les causes d'insalubrité au Service d'assainissement de la Préfecture de la Seine, qui est compétent pour adresser au propriétaire de l'immeuble les injonctions nécessaires.

L'article 18 de l'ordonnance de police du 25 octobre 1883 prescrit un cabinet d'aisances pour chaque fraction de 20 habitants. Il paraît quelquefois rigoureux d'exiger strictement l'exécution de cette prescription. Dans certains garnis, par exemple, ou 50 à 60 0/0 des chambres sont souvent inoccupées, on peut surseoir sans inconvénient à la construction de nouveaux cabinets.

3° *Fermeture hermétique des plombs.* — Les prescriptions faites à ce sujet sont presque toujours volontiers exécutées par les logeurs, parce qu'elles n'entraînent point pour eux de dépenses considérables. Elles doivent être cependant fréquemment renouvelées, en raison de la facilité avec laquelle se détériorent les couvercles ou les bondes syphoïdes employés pour la fermeture.

4° *Peinture des plafonds. — Renouvellement des papiers de tenture.* — Ces prescriptions sont également de celles qui se reproduisent le plus souvent. Les logeurs y résistent d'autant moins qu'elles constituent des réparations locatives qui incombent au locataire et non au propriétaire de l'immeuble.

Il y a lieu de remarquer toutefois que les papiers de tenture ne sont autorisés que dans les chambres contenant un ou deux lits. Dans celles où il y a un nombre de lits supérieur, les murs doivent toujours être peints à l'huile, ou badigeonnés à la chaux.

5° *Stagnation des eaux ménagères dans les cours et courettes.* — Il arrive assez souvent que le sol des cours et des courettes est mal entretenu, de sorte que les eaux ménagères qui y sont jetées ou répandues séjournent et exhalent des odeurs dangereuses pour la salubrité publique. Lorsque cet état de choses existe dans un immeuble entièrement loué en garni, l'Administration n'éprouve aucune difficulté pour prescrire au logeur les travaux nécessaires.

Mais il n'en est pas de même lorsqu'il s'agit d'un logeur qui loue seulement quelques chambres garnies dans une maison dont les autres appartements sont occupés par des locataires dans leurs meubles. Dans ce cas, la Préfecture de Police est obligée de faire intervenir la Commission des logements insalubres qui a seule action contre le propriétaire de l'immeuble.

6° *Blanchiment des façades.* — L'obligation qui précède s'applique également au blanchiment des façades dont le mauvais état d'entretien constitue parfois une véritable cause d'insalubrité. Il convient cependant de faire une distinction assez importante : les façades sont établies sur la rue ou sur la cour.

Dans le premier cas (façade extérieure), c'est à la Préfecture de la Seine seule qu'il appartient de faire les injonctions nécessaires au propriétaire. C'est cette Administration en effet qui est chargée de l'application du décret du 26 mars 1852, relatif aux rues de Paris, et dont l'article 5 est ainsi conçu :

« Les façades des maisons seront constamment tenues en

bon état de propreté. Elles seront grattées, repeintes ou badigeonnées au moins une fois tous les dix ans, sur l'injonction qui sera faite au propriétaire par l'autorité municipale. Les contrevenants seront passibles d'une amende qui ne pourra excéder 100 francs. »

Dans le second cas (façade sur cour), si l'immeuble est loué en garni en totalité, la Préfecture de Police prescrit au logeur soit la peinture à l'huile, soit le badigeonnage ou le blanchiment à la chaux.

7° *Absence d'eau.* — L'absence d'eau dans un immeuble, surtout lorsque cet immeuble est divisé en un grand nombre de chambres louées en garni, a toujours été considérée comme une cause sérieuse d'insalubrité. Non seulement les locaux affectés à ce genre de location, mais les dépendances elles-mêmes, telles que les couloirs, les escaliers, les cabinets d'aisances, doivent être lavées fréquemment, sous peine de devenir des foyers d'infection.

Lorsque les inspecteurs du Service sanitaire constatent qu'un immeuble est dépourvu de tout approvisionnement d'eau, la Préfecture de Police oblige le logeur à se conformer aux prescriptions de l'article 22 de l'ordonnance de police du 25 octobre 1883.

Toutefois, elle ne pourrait aller jusqu'à prescrire l'établissement d'une concession d'eau de la Ville car il existe encore à Paris un certain nombre de rues qui ne sont pas desservies par les canalisations de la Ville. Dans les immeubles situés en bordure de ces voies, une telle prescription serait inexécutable.

Aussi l'Administration se borne-t-elle à enjoindre au logeur d'approvisionner d'eau son garni en quantité suffisante pour les divers usages de la salubrité, et par tel moyen qu'il juge convenable.

En outre, lorsque des bornes-fontaines sont établies à proximité et que les garnis sont de peu d'importance, le logeur est quelquefois, après avis de l'inspecteur, exonéré de cette prescription, mais seulement à titre tout à fait exceptionnel.

8° *Précautions contre l'humidité.* — Il est souvent constaté que des chambres sont notoirement insalubres, en raison de l'humidité. Cet inconvénient résulte généralement de la situation des chambres au rez-de-chaussée sur terre-plein ou en contre-bas du sol de la rue. Si ces chambres présentent d'autre part toutes les conditions requises au point de vue de l'aération et du volume d'air, les inspecteurs ne peuvent en proposer l'interdiction. Ils se bornent, dans ce cas, à proposer à l'Administration de prescrire le revêtement des murs par des lambris en bois jusqu'à une hauteur de $1^{m},50$; l'établissement de parquets sur bitume dans les pièces situées au rez-de-chaussée, la surélévation des planchers en contre-bas du sol.

Si l'humidité provient, comme il arrive fréquemment, du mauvais état des toitures, il est prescrit d'exécuter tous les travaux reconnus nécessaires pour remédier aux infiltrations.

9° *Enduit en plâtre des cloisons.* — Cette prescription a pour but surtout de remédier aux dangers d'incendie. Les locataires de chambres louées en garni sont souvent négligents ou imprudents. Qu'ils s'endorment le soir en laissant leur bougie allumée, le feu se communique aux vêtements ou aux rideaux, et si les cloisons de la chambre sont en bois, il se propage avec une excessive rapidité. Si, au contraire, les cloisons sont recouvertes d'un enduit en plâtre, cette précaution suffit pour opposer pendant quelque temps un obstacle à la flamme et pour permettre d'apporter les premiers secours.

En dehors du danger d'incendie, elle présente également un intérêt sérieux au point de vue de la salubrité, attendu que les cloisons en bois constituent généralement de véritables nids de vermine.

10° *Tuyaux de fumée.* — Il arrive assez souvent que des chambres louées en garni sont traversées par des tuyaux de fumée desservant des appareils de chauffage placés dans des pièces voisines. Il peut en résulter de sérieux dangers pour la salubrité et même pour la vie des locataires. Les gaz qui proviennent de la combustion s'échappent par ces tuyaux, et pour peu qu'une fissure existe, se répandent dans la chambre. C'est là une des causes d'asphyxie les plus communes.

L'Administration n'hésite jamais à prescrire la suppression de ces tuyaux de fumée, à moins qu'ils ne soient complètement entourés d'un chemisage en plâtre et en poterie.

CHAPITRE VI

Des causes d'insalubrité non prévues par l'Ordonnance de police du 25 octobre 1883. — Instruction du Conseil d'Hygiène concernant la salubrité des habitations.

On vient de voir quelles sont les principales causes d'insalubrité constatées dans les garnis par le Service d'Inspection sanitaire, et lès mesures généralement prescrites par l'Administration pour y remédier. On remarque que, parmi ces mesures, il en est quelques-unes, telles que le blanchiment des façades, les précautions contre l'humidité, les prescriptions relatives à la stagnation des eaux ménagères dans les cours et courettes, qui ne sont pas prévues par l'ordonnance de police du 25 octobre 1883. Il peut en exister beaucoup d'autres. Il est impossible en effet de prévoir dans un règlement toutes les causes d'insalubrité qui peuvent se présenter dans les immeubles, tant celles-ci sont multiples. Mais l'Administration n'est point pour cela désarmée. L'ordonnance de 1883 avait pour but d'indiquer seulement les cas que l'on rencontre le plus généralement. Lorsque d'autres mesures sont reconnues nécessaires, la Préfecture de Police peut toujours les prescrire, en vertu de l'ordonnance de police du 23 novembre 1853, dont l'article 6, encore en vigueur, est ainsi conçu :

« Indépendamment des dispositions prescrites par les articles qui précèdent, il sera pris à l'égard des habitations, et *notamment celles qui sont louées en garni, telles autres mesures spéciales qui seraient jugées nécessaires* dans l'intérêt de la salubrité et de la santé publiques.

» Il est d'ailleurs expressément recommandé de se conformer à l'Instruction du Conseil de Salubrité annexée à la présente ordonnance. »

Il n'est pas inutile de reproduire textuellement l'Instruction du Conseil d'Hygiène visée dans le paragraphe 2 de l'article qui précède.

INSTRUCTION

CONCERNANT LES MOYENS D'ASSURER LA SALUBRITÉ DES HABITATIONS

La salubrité d'une habitation dépend, en grande partie, de la pureté de l'air qu'on y respire. Tout ce qui vicie l'air doit donc exercer une influence fâcheuse sur la santé des habitants.

L'insalubrité d'une habitation peut être locale ou générale : *locale*, quand elle existe seulement dans le logement de la famille; *générale*, lorsqu'elle a sa source dans la maison tout entière.

Dans ces diverses conditions, locales ou générales, l'air peut être vicié au point de faire naître des maladies graves et meurtrières. S'il est moins altéré, il minera sourdement la constitution; il causera l'étiolement et les maladies scrofuleuses.

Enfin, l'expérience a démontré que c'est dans les habitations dont l'air est insalubre que naissent et sévissent avec plus d'intensité certaines épidémies dont les ravages s'étendent ensuite sur des cités entières.

Notons ici que l'insalubrité peut exister aussi bien dans certaines parties des habitations les plus brillantes que dans les plus humbles demeures, comme aussi ces dernières peuvent offrir les meilleures conditions de salubrité.

Moyens d'assurer la salubrité des logements.

Aération. — L'air d'un logement doit être renouvelé tous les jours le matin, les lits étant ouverts; ce n'est pas seulement par l'ouverture des portes et des fenêtres que l'on peut opérer le renouvellement de l'air d'un logement : les cheminées y contribuent efficacement aussi; les cheminées sont même indispensables dans les maisons simples en profondeur et qui n'ont qu'un seul côté : les chambres où l'on couche devraient toutes en être pourvues. *On ne saurait donc trop proscrire la mauvaise habitude de boucher les cheminées, afin de conserver plus de chaleur dans les chambres.*

Le nombre des lits doit être, autant que possible, proportionné à l'espace du local, de sorte que, dans chaque chambre, il y ait au moins quatorze mètres cubes d'air par individu, indépendamment de la ventilation.

Mode de chauffage. — Les combustibles destinés au chauffage et à la cuisson des aliments ne doivent être brûlés que dans des cheminées, poêles et fourneaux qui ont une communication *directe avec l'air extérieur,* même lorsque le combustible ne donne pas de fumée. Le coke, la braise et les diverses sortes de charbon qui se trouvent dans ce dernier cas, sont considérés à tort, par beaucoup de personnes, comme pouvant être impunément brûlés à découvert dans une chambre habitée. C'est là un des préjugés les plus fâcheux; il donne lieu tous les jours aux accidents les plus graves, quelquefois même il devient cause de mort. Aussi doit-on proscrire l'usage des *braseros,* des poêles et des calorifères portatifs de tout genre qui n'ont pas de tuyaux d'échappement au dehors. Les gaz qui sont produits pendant la combustion de ces moyens de chauffage et qui se répandent dans l'appartement sont beaucoup plus nuisibles que la fumée de bois.

On ne saurait trop s'élever aussi contre la pratique dangereuse de fermer complètement la clef d'un poêle ou la trappe intérieure d'une cheminée qui contient encore de la braise allumée. C'est là une des causes d'asphyxie les plus communes. On conserve, il est vrai, la chaleur dans la chambre, mais c'est aux dépens de la santé et quelquefois de la vie.

Soins de propreté. — Il ne faut jamais laisser séjourner longtemps les urines, les eaux de vaisselle et les eaux ménagères dans un logement. Il faut balayer fréquemment les pièces habitées, laver une fois la semaine les pièces carrelées et qui ne sont pas frottées, les ressuyer aussitôt pour en enlever l'humidité. Le lavage qui entraîne à sa suite un état permanent d'humidité est plus nuisible qu'avantageux; il ne doit donc pas être opéré trop souvent.

Lorsque les murs d'une chambre sont peints à l'huile, il faut les laver de temps en temps pour en enlever les couches de matières organiques qui s'y déposent et qui s'y accumulent à la longue.

Dans le cas de peinture à la chaux, il convient d'en opérer tous les ans le grattage et d'appliquer une nouvelle couche de peinture.

Tout papier de tenture que l'on renouvelle doit être arraché complètement; le mur doit être gratté et les trous rebouchés avant de coller le nouveau papier.

Les cabinets particuliers d'aisances doivent être parfaitement ventilés et, autant que possible, à fermeture au moyen de soupapes hydrauliques.

Moyens d'assurer la salubrité des maisons.

Indépendamment du mode de construction d'une maison, quel que soit l'espace qu'elle occupe, et quelle que soit la dimension des cours et des logements, cette maison peut devenir insalubre :

1° Par l'existence de lieux d'aisances communs mal tenus;

2° Par le défaut d'écoulement des eaux ménagères, le défaut d'enlèvement d'immondices et de fumiers, le mauvais état des ruisseaux ou caniveaux;

3° Par la malpropreté ou la mauvaise tenue du bâtiment.

Cabinets d'aisances communs. — Il n'est guère de cause plus grave d'insalubrité : un seul cabinet d'aisances mal ventilé, ou tenu malproprement, suffit pour infecter une maison tout entière. On évite, autant qu'il est possible, cet inconvénient, en pratiquant à l'un des murs du cabinet une fenêtre suffisamment large pour opérer une ventilation et pour éclairer, en tenant, en outre, les dalles et le siège dans un état constant de propreté à l'aide de lavages fréquents. On doit renouveler souvent aussi le lavage du sol et celui des murs qui doivent être peints à l'huile et au blanc de zinc : chacun de ces cabinets doit être clos au moyen d'une porte; enfin, il faut, autant que possible, éviter les angles dans la construction des dits cabinets.

Eaux ménagères. — Les cuvettes destinées au déversement des eaux ménagères doivent être garnies de *hausses* ou disposées de telle sorte que les eaux projetées à l'intérieur ne puissent saillir au dehors. Il faut bien se garder de refouler, à travers les ouvertures de la grille qui se trouve au fond des cuvettes, les fragments solides dont l'accumulation ne tarderait pas à produire l'engorgement des tuyaux.

On doit placer une grille à la jonction du tuyau avec la cuvette, afin d'empêcher l'obstruction par des matières solides.

Il ne faut jamais vider d'eaux ménagères dans les tuyaux de descente pendant les gelées.

Lorsque l'orifice d'un de ces tuyaux aboutit à une pierre d'évier placée dans une chambre ou dans une cuisine, on doit le tenir parfaitement fermé au moyen d'un tampon ou d'un syphon.

Il y a toujours avantage à diriger les eaux pluviales dans les tuyaux de descente, de manière à les laver.

Lorsque ces tuyaux exhalent une mauvaise odeur, il faut les laver avec de l'eau contenant au moins *un pour cent* d'eau de javelle.

Une des pratiques les plus fâcheuses dans les usages domestiques et contre laquelle on ne saurait trop s'élever, c'est celle de déverser les urines dans les plombs d'écoulement des eaux ménagères.

Les ruisseaux des cours et les caniveaux destinés au passage des eaux ménagères doivent être exécutés en pavés, en pierre ou en fonte; les joints doivent être faits avec soin, et les pentes régulières, de manière à empêcher toute stagnation d'eau et à rendre facile le lavage de ces ruisseaux et caniveaux.

Les immondices des cours doivent être enlevées tous les jours, les fumiers ne doivent pas être conservés plus de huit jours en hiver et de quatre jours en été.

Propreté du bâtiment. — Balayage.

Il faut balayer fréquemment les escaliers, les corridors, cours et passages : gratter les dépôts de terre ou d'immondices qui résistent à l'action du balai.

Il est utile de peindre à l'huile les murs des maisons, façades, couloirs, escaliers; cette peinture empêche les murs de se pénétrer de matières organiques, mais il faut avoir soin d'en opérer le lavage une fois par an.

Lavage du sol. — Les parties carrelées, pavées ou dallées doivent être lavées souvent quand il s'agit d'escaliers ou de sol de corridors; il faut les ressuyer aussitôt le lavage pour éviter un excès d'humidité toujours nuisible.

L'eau suffit le plus ordinairement à ces lavages; mais, dans les cas d'infection et de malpropreté de date ancienne, il faut ajouter à l'eau *un pour cent d'eau de Javel ou de chlorure d'oxyde de sodium.* — L'emploi du chlorure de chaux (hypochlorite) aurait l'inconvénient de laisser à la longue un sel hygroscopique (chlorure de calcium) qui entretiendrait une humidité permanente contraire à la salubrité.

C'est en pratiquant ces soins si simples, d'une exécution si facile et si peu dispendieuse, que l'on tend à la conservation de la santé, en même temps que l'on s'oppose au progrès des épidémies qui peuvent frapper d'un moment à l'autre toute une population.

CHAPITRE VII

Procédure employée pour l'exécution des prescriptions réglementaires.

Il reste à faire connaître maintenant quelle est la procédure suivie par l'Administration pour assurer l'exécution des prescriptions relatives à la salubrité des garnis.

On a vu déjà que les Inspecteurs du Service sanitaire envoient à la Préfecture de Police (2e Division, 2e Bureau) des rapports détaillés dans lesquels ils indiquent l'état des garnis qu'ils visitent, les dimensions des chambres, les prescriptions qu'il convient d'adresser aux logeurs.

Les Commissaires de police sont ensuite chargés de notifier ces prescriptions par voie de sommations.

Dans le cas d'inexécution, des procès-verbaux sont transmis au Tribunal de simple police, qui condamne les contrevenants à l'amende et à l'exécution des travaux prescrits.

L'Administration serait donc suffisamment armée par ce jugement pour faire exécuter les travaux d'office aux frais des contrevenants, s'il y avait résistance obstinée de la part des logeurs. Mais cette exécution, bien que légale, présenterait dans la pratique de sérieuses difficultés. Il pourrait se faire que le logeur, au moment de l'arrivée des ouvriers, déclarât cesser l'exploitation de son industrie, et, comme le jugement n'est exécutoire qu'autant que les locaux continuent à être loués en garni, l'Administration serait désarmée. D'autre part, le propriétaire de l'immeuble pourrait, de son côté, soulever des objections, s'opposer à l'exécution de certains travaux, etc., etc.

La Préfecture prend, dans ce cas, d'autres mesures qui permettent d'arriver aux mêmes résultats.

Après qu'un jugement a été rendu contre un logeur, celui-ci est mis en demeure par une nouvelle sommation de se conformer, dans un certain délai, aux dispositions de ce jugement, en exécutant les travaux qui lui ont été prescrits.

Le délai expiré, s'il n'a pas été satisfait à la nouvelle injonction, le Préfet de Police prend un arrêté ordonnant la fermeture du garni.

Cet arrêté est notifié au logeur par le Commissaire de police et si les locaux sont encore exploités par la suite, il est dressé chaque jour des procès-verbaux de contraventions, non plus à l'ordonnance de police du 25 octobre 1883, mais à l'arrêté d'interdiction.

Les nombreuses amendes prononcées à la suite de ces contraventions (Art. 471 du Code pénal), et même la peine d'emprisonnement en cas de récidive légale (Art. 474 du Code pénal), ne tardent pas à décider le logeur à cesser son exploitation, ou, ce qui arrive le plus fréquemment, à exécuter les travaux qui lui ont été prescrits.

Les arrêtés d'interdiction sont rédigés d'après la formule suivante :

NOUS, Préfet de Police,

Vu : la loi des 16-24 août 1790;

L'arrêté consulaire de messidor an VIII;

L'ordonnance de police du 25 octobre 1883, sur la salubrité des garnis;

Considérant que l   demeurant à

et exploitant à cette adresse un hôtel meublé, a été invité à exécuter dans son hôtel des travaux reconnus nécessaires dans l'intérêt de la salubrité publique; qu'il n'a été tenu aucun compte des sommations qui lui ont été adressées à cet effet;

Considérant que, dans ces conditions, les chambres dans lesquelles les travaux ont été prescrits ne peuvent être louées en garni, tant que les travaux n'auront pas été exécutés,

ARRÊTONS :

Article premier.

Les chambres désignées sous les Nos
dans l'hôtel meublé que l   exploite

seront évacuées et demeureront interdites à la location en garni, tant que toutes les conditions d'hygiène et d'appropriation prévues par l'ordonnance du 25 octobre 1883 n'y auront pas été strictement réalisées.

Art. 2.

M. le Commissaire de police du quartier de est chargé de signifier le présent arrêté à l'intéressé et d'en assurer l'exécution dans un délai de jours.

Le Préfet de Police,

CHAPITRE VIII

Légalité des arrêtés de fermeture après jugement.

La question de fermeture d'un garni, après jugement, souleva dès le début une question de principe. Il s'agissait d'établir si l'arrêté pris par le Préfet de Police, dans ces conditions, pouvait avoir une sanction pénale, c'est-à-dire si les contraventions à cet arrêté pouvaient donner lieu à de nouvelles poursuites devant le Tribunal de simple police.

On objectait que le logeur ayant été déjà condamné une première fois à l'amende et à l'exécution des travaux prescrits en vertu de l'ordonnance de 1883, ne peut, aux termes de l'article 360 du Code d'instruction criminelle, être poursuivi de nouveau pour le même fait.

Un sérieux examen de la question a démontré que c'était là une interprétation inexacte de l'article 360 du Code d'instruction criminelle, depuis longtemps condamnée par de nombreux arrêts rendus par la Cour suprême.

La Cour de Cassation a reconnu, en effet, qu'il n'y a pas violation du principe *non bis in idem*, « lorsque le fait, objet d'une seconde poursuite, ne présente pas tous les caractères de l'identité, dans ses éléments matériels et dans ses éléments légaux, avec celui qui a motivé la première incrimination. (Cr. C. 14 août 1875. D. P. 76-1-463-464, et sur nouveau pourvoi, Ch. réunies. C. 10 janvier 1876).

Par application de cette doctrine, il a été jugé notamment que le cafetier prévenu d'avoir, en faisant jouer dans son café la poule aux secrets, tenu dans un lieu public un jeu de hasard, contrairement à l'article 475 du C. P., et acquitté à raison de ce que ce jeu est un jeu d'adresse, peut, postérieurement être condamné, par application de l'article 471 du C.P. pour avoir laissé jouer dans son café de l'argent au jeu de la poule aux secrets, contrairement à un arrêté du maire, qui prohibe dans les lieux publics tous jeux de hasard ou d'adresse n'ayant pas pour objet le paiement des consommations.

« Attendu, dit cet arrêt, que l'article 360 ne fait pas obstacle à ce que l'individu relaxé d'une poursuite en simple police soit de nouveau poursuivi pour le même fait matériel, s'il est autrement qualifié, et que la qualification nouvelle s'appuie sur des éléments non relevés et non appréciés lors de la première poursuite; que, dans ce cas, la première relaxe, qui se limite nécessairement à l'unique poursuite dont le juge a été alors saisi, ne saurait l'empêcher d'examiner si le fait même matériel ne présente pas d'autres circonstances délictueuses sur lesquelles il n'a pas encore été appelé à statuer. » (*Cass. Ch. réunies, 10 janvier 1876. D. P. 76. 1. 464.*)

La Cour de Cassation applique cette doctrine même quand la qualification nouvelle et les éléments nouveaux ont pour effet d'aggraver la nature de l'infraction, par exemple lorsque l'inculpé, poursuivi d'abord pour un délit, l'est ensuite, à raison du même fait, pour un crime. (*C. C. 12 février 1875. D. P. 75. 1. 332.*)

S'il en est ainsi au cas où les éléments nouveaux de la deuxième poursuite existaient déjà lors de la première, mais n'avaient pas été relevés, à plus forte raison doit-on décider de même quand la deuxième infraction n'est que la conséquence indirecte de la première et résulte d'un fait corrélatif. Non seulement alors les éléments légaux de la nouvelle incrimination diffèrent de ceux qui constituaient la première, mais le fait matériel qui les motive n'est même pas identique.

Or telle est bien la situation, lorsqu'il s'agit d'un garni dont la fermeture est prescrite par arrêté, après inexécution de travaux de salubrité.

Une première fois, après une visite faite par un inspecteur du service sanitaire, l'Administration constate que des chambres louées en garni présentent les conditions requises par l'article 11 de l'ordonnance de police du 25 octobre 1883, au point de vue du cube d'air et de la hauteur sous plafond. Ces chambres ne sont donc pas interdites à la location.

Toutefois, certains travaux de salubrité sont reconnus nécessaires : la Préfecture de Police se borne à requérir du logeur l'exécution de ces travaux, en vertu de l'ordonnance précitée, et précisément parce qu'elle ne s'oppose pas en principe à la location de ces chambres en garni.

Le logeur ne satisfait pas à la sommation qui lui a été adressée, un procès-verbal de contravention à l'ordonnance du 25 octobre 1883 est dressé contre lui.

La contravention résulte dans ce cas, non pas de la location des chambres, mais seulement du fait de n'avoir pas exécuté les travaux prescrits.

Il n'en sera plus de même lorsqu'il s'agira de poursuites ultérieures.

Le logeur, en effet, a été condamné par le Tribunal de simple police, qui a, en outre, ordonné l'exécution des travaux prescrits par l'Administration. Il est mis en demeure de se conformer au jugement et prévenu que, faute par lui d'obéir à cette nouvelle injonction, il lui sera interdit de louer en garni. Malgré cet avertissement, il persiste à ne pas exécuter les travaux reconnus nécessaires. L'Administration abandonne alors ses premières poursuites. Elle n'exige plus l'exécution des travaux, mais, reconnaissant que les chambres, dans leur état actuel, ne peuvent être louées en garni sans danger pour la salubrité publique, elle interdit la location par un arrêté qu'elle fait notifier au logeur.

Après notification et expiration du délai fixé, si les chambres sont encore livrées à la location, le Commissaire de police du quartier dresse contre le logeur des procès-verbaux de contravention, non plus à l'ordonnance de police du 25 octobre 1883, mais à l'arrêté préfectoral qui interdit la location en garni.

En effet, il existe dans ce fait une contravention nouvelle indépendante de la première, car si la cause initiale des deux contraventions réside bien dans le défaut de salubrité des locaux loués, néanmoins celles-ci sont le résultat d'une désobéissance à deux actes distincts de l'autorité : l'un qui ordonnait l'exécution de certains travaux, l'autre qui défendait de louer des locaux insalubres.

Les éléments légaux de la deuxième infraction ne sont évidemment pas les mêmes que ceux de la première, et, par suite, une deuxième poursuite est possible, conformément aux principes nettement formulés par la Cour de Cassation.

En outre, chaque nouveau fait de location contraire à l'Arrêté préfectoral d'interdiction constitue une contravention distincte de la précédente. C'est la continuation d'un état irrégulier, qui, en vertu de la jurisprudence citée plus haut, peut être réprimée sans violation de la chose jugée.

Ainsi il a été décidé que lorsqu'un arrêté interdit, dans l'intérêt de la salubrité d'un cours d'eau, d'avoir des lieux d'aisances sur ce cours d'eau, la prohibition portant moins sur l'existence des constructions que sur leur usage, chaque fait d'usage renouvelé, après une première condamnation, constitue une contravention distincte. (*C. C., 15 mars 1861, D. P. 62. 1. 54.*)

La situation de l'Administration municipale vis-à-vis des logeurs en garni a beaucoup d'analogie avec celle visée dans l'arrêté ci-dessus rappelé. C'est dans l'usage des locaux insalubres, dans leur location, que réside en somme la contravention. On peut, par conséquent, considérer chaque fait d'usage renouvelé comme constituant une contravention distincte indéfiniment susceptible de poursuites.

CHAPITRE IX

Fermeture immédiate des garnis en cas d'urgence ou d'insalubrité notoire.

On vient de voir par ce qui précède que la Préfecture de Police commence généralement par inviter les propriétaires à exécuter les travaux qui ont été reconnus nécessaires par le Service d'inspection sanitaire, et que c'est seulement en cas de résistance et après jugement rendu, qu'elle prend un arrêté ayant pour objet d'interdire l'exploitation en garni des locaux reconnus insalubres.

Cependant, dans le cas d'insalubrité grave, s'il y a urgence, surtout en temps d'épidémie, elle n'hésite pas à interdire la location en garni, et à ordonner l'évacuation immédiate.

C'est ce qui a eu lieu, notamment au mois d'août 1892, pour un garni d'ouvriers situé rue de L..., dans le quartier de la Plaine-Monceau.

Plusieurs cas de choléra s'étaient déclarés dans cet établissement. L'Inspecteur du service sanitaire, M. le Dr Demay, chargé de procéder à une visite, constata que les locaux loués en garni étaient absolument infects et insalubres.

Son rapport était ainsi conçu :

« Ce garni est encore plus malsain que celui que j'ai visité il y a quelques jours au n° de la même rue, et appartenant au même logeur : manque d'aération, saleté repoussante de l'immeuble et des locataires, encombrement, tout se trouve réuni pour en rendre le séjour inhabitable. Je propose à l'Administration l'évacuation immédiate de toutes les pièces. Le local sera ensuite entièrement remis à neuf, et, plus particulièrement, il sera procédé aux mesures suivantes :

» 1° On lessivera le couloir d'entrée (murs et sol), qui sera constamment éclairé et débarrassé des objets de toute nature qui l'encombrent;

» 2° On lessivera le carrelage de toutes les pièces;

» 3° On grattera les plafonds, les murs et les planchers de toutes les pièces, et tout sera repeint à l'huile, afin de permettre de fréquents lavages;

» 4° On refera les plombs dans les conditions réglementaires (ce sont actuellement de simples récipients à ciel ouvert);

» 5° On refera en entier le sol et les sièges des water-closets; on peindra les murs à l'huile, au blanc de zinc; on les désinfectera journellement au chlorure de zinc; et on établira un second water-closet en raison du nombre des locataires;

» 6° Le sol de la cour sera refait au bitume et au béton, avec caniveaux couverts pour l'écoulement des eaux;

» 7° On n'admettra dans chaque pièce que le nombre de locataires autorisé; il sera bon de s'assurer de l'exécution de cette prescription par de fréquentes visites de nuit;

» 8° Les châssis d'aération de toutes les pièces devront être agrandis et avoir au moins un mètre de côté. Si une question de servitude s'y oppose, les pièces qui en sont pourvues seront interdites à la location. Il y aura alors onze chambres d'interdites sur seize, et comme la plupart des pièces à châssis ont pour unique entrée des pièces à fenêtres, tout contrôle deviendra impossible. Dans ces conditions, mieux vaudrait prendre un arrêté de fermeture définitive.

» En tout cas, j'insiste pour obtenir l'évacuation immédiate et complète, avec surveillance du Commissaire de police, jusqu'à exécution intégrale des travaux. »

A la suite de ce rapport, le Préfet de Police prit un arrêté de fermeture ainsi conçu :

Paris, le 19 août 1892.

NOUS, Préfet de Police,

Vu la loi des 16-24 août 1790;

L'arrêté consulaire de messidor an VIII;

L'ordonnance de police du 25 octobre 1883 sur la salubrité des garnis;

La loi du 3 mars 1822 (art. 14);

Considérant que l'hôtel meublé exploité par le sieur X..., rue de L..., n° ..., est dans des conditions déplorables au point de vue de l'hygiène, et dans un état d'insalubrité tel qu'il peut s'y déclarer un foyer de maladies contagieuses;

Considérant que, dans ces conditions, les chambres d'hôtel dont il s'agit ne peuvent être louées en garni, et qu'il y a urgence absolue à les faire évacuer et à les interdire à la location tant que les travaux nécessaires pour remédier à l'insalubrité actuelle n'auront pas été effectués,

ARRÊTONS :

Article premier. — L'hôtel meublé que le sieur X... exploite à l'adresse ci-dessus sera évacué et demeurera interdit à la location en garni, tant que toutes les conditions d'hygiène et d'appropriation prévues par l'ordonnance de police du 25 octobre 1883 n'y auront pas été strictement réalisées.

Art. 2. — Le Commissaire de Police du quartier est chargé de signifier le présent arrêté à l'intéressé et d'en assurer l'exécution dans un délai de huit jours.

A l'expiration de ce délai, s'il n'est pas fait droit aux prescriptions du présent arrêté, des procès-verbaux de contravention seront dressés chaque jour et transmis au Tribunal, sans préjudice des mesures d'office que pourra prendre l'Administration.

Le Préfet de Police.

Après avoir reçu notification de cet arrêté, le logeur fit immédiatement exécuter certains travaux, dans le but de remédier à l'insalubrité de son hôtel, et adressa à la Préfecture de Police une demande à l'effet de pouvoir continuer son exploitation. Mais les travaux furent jugés insuffisants par l'Inspecteur du Service sanitaire et l'arrêté d'interdiction fut maintenu.

Le logeur voulut cependant résister aux injonctions de l'Administration. Malgré l'arrêté de fermeture, il continua l'exploitation de son garni. Le Commissaire de police dut dresser contre lui de nombreux procès-verbaux de contraventions. Ce n'est qu'après s'être entendu condamner par le Tribunal de simple police à soixante-sept fois 5 francs d'amende et à soixante-sept jours de prison, qu'il se décida enfin à exécuter entièrement les travaux qui lui avaient été prescrits.

Aujourd'hui l'établissement dont il s'agit est dans des conditions relativement satisfaisantes, au point de vue de la salubrité, et le service de l'Inspection sanitaire n'a pas eu à intervenir de nouveau.

CHAPITRE X

Statistique des garnis existant à Paris et dans le département de la Seine.

Le nombre des hôtels meublés ou logements loués en garni dans le département de la Seine est approximativement de 13,600 se composant de 190,000 chambres. Ces chiffres se répartissent ainsi :

Pour la Ville de Paris : 10,500 garnis; 167,000 chambres.

Pour les communes du ressort de la Préfecture de Police : 3,300 garnis; 23,000 chambres.

Les plans placés à la fin de ce travail indiquent la répartition du nombre des garnis et des chambres suivant les quartiers et les circonscriptions de service de chaque inspecteur.

CHAPITRE XI

Résultats du Service d'inspection pour l'année 1894.

Les Inspecteurs du service sanitaire des logements loués en garni ont visité pendant l'année 1894 :

9.734 garnis (Paris : 7.229; Banlieue : 2.505) se composant de 114.913 chambres (Paris : 96.289; Banlieue : 18.624).

Le nombre des garnis existant dans le département de la Seine s'élevant à 13.600, il en résulte que 3.800 garnis environ n'ont pas été visités en 1894 par le service d'inspection sanitaire. Il ne faudrait pas en conclure que les prescriptions de l'article 4 de l'arrêté du 17 juin 1889, ne sont pas rigoureusement exécutées, quoique cet article prescrive aux inspecteurs de visiter au moins une fois par an, tous les logements livrés à la location en garni dans leurs circonscriptions.

En effet, il convient d'observer qu'il existe un certain nombre d'hôtels ou d'appartements meublés, dont le genre de clientèle exige des conditions de propreté et de salubrité, que l'Administration n'a même pas besoin de contrôler. Tels sont les grands hôtels, les appartements luxueusement meublés, habités pendant quelques mois de l'année par de riches familles étrangères, certaines pensions de famille, etc., etc. Bien que ces établissements soient, comme tous les logements loués en garni, soumis à l'inspection sanitaire, il est évident que des visites fréquentes y seraient sans objet.

Sur les 9.734 garnis visités en 1894 par le Service d'inspection sanitaire, 6.414 (Paris : 4.807; Banlieue : 1.607) remplissaient toutes les conditions prescrites par l'ordonnance de police du 25 octobre 1883;

3.320 au contraire (Paris : 2.422; Banlieue : 898) ont dû faire l'objet de sommations qui ont été adressées aux logeurs par les soins des Commissaires de Police.

Sur les 3.320 logeurs qui ont reçu ces sommations, 3.000 (Paris : 2.162; Banlieue : 838) ont exécuté les travaux avant l'expiration des délais fixés.

Les autres, au nombre de 320 (Paris : 260; Banlieue : 60), ont été l'objet de procès-verbaux déférés au Tribunal de simple police.

Enfin, 306 ayant satisfait aux prescriptions après jugement rendu, le Préfet de Police a pris seulement 14 arrêtés de fermeture (Paris : 12; Banlieue : 2).

Les chiffres ci-dessus sont répartis conformément aux indications des tableaux ci-après.

Année 1894.

MOIS	NOMBRE de GARNIS VISITÉS	NOMBRE des CHAMBRES	GARNIS où des TRAVAUX ont été prescrits.	TRAVAUX exécutés après prescriptions.	PROCÈS-VERBAUX transmis au Tribunal de simple police.	ARRÊTÉS de FERMETURE
VILLE DE PARIS						
Janvier	614	7.120	197	172	25	»
Février	638	7.741	191	161	30	2
Mars	661	9.055	218	195	23	3
Avril	675	8.309	222	206	16	1
Mai	676	8.520	203	179	24	»
Juin	642	8.368	233	215	18	»
Juillet	575	8.145	227	209	18	4
Août	508	7.003	163	147	16	»
Septembre	579	8.645	222	188	34	»
Octobre	557	7.497	175	156	19	2
Novembre	600	8.641	199	179	20	»
Décembre	504	7.245	172	155	17	»
BANLIEUE						
Janvier	192	1.500	81	67	14	»
Février	209	1.517	71	71	»	»
Mars	196	1.159	64	58	6	»
Avril	222	1.531	66	63	3	»
Mai	217	1.445	84	76	8	»
Juin	216	1.316	70	66	4	1
Juillet	199	1.695	76	73	3	»
Août	163	1.501	62	58	4	»
Septembre	214	1.703	72	69	3	»
Octobre	232	1.883	100	90	10	»
Novembre	227	1.828	75	73	2	»
Décembre	218	1.546	77	74	3	1
TOTAUX	9.734	114.913	3.320	3.000	320	14

RÉPARTITION DES VISITES PAR CIRCONSCRIPTION

CIRCONSCRIPTION	NOMBRE DE			CLASSEMENT des Circonscriptions d'après le nombre de visites effectuées.
	GARNIS VISITÉS	CHAMBRES	GARNIS où des travaux ont été prescrits.	
VILLE DE PARIS				
1re Circonscription. . .	598	10.377	128	3
2e — . . .	464	8.716	63	7
3e — . . .	599	4.089	43	2
4e — . . .	566	7.789	325	5
5e — . . .	438	5.450	178	9
6e — . . .	506	5.949	126	6
7e — . . .	454	3.928	34	8
8e — . . .	365	5.870	167	14
9e — . . .	393	4.250	92	11
10e — . . .	572	5.434	244	4
11e — . . .	423	4.957	91	10
12e — . . .	381	4.814	205	13
13e — . . .	388	5.896	231	12
14e — . . .	611	8.014	386	1
BANLIEUE				
1re Circonscription. . .	449	2361	210	4
2e — . . .	567	4268	255	2
3e — . . .	600	5661	148	1
4e — . . .	553	4290	200	3
5e — . . .	336	2044	85	5
INSPECTEURS SUPPLÉANTS				
4 Inspecteurs suppléants.	471	10756	109	»
TOTAUX. . .	9.734	114913	3320	

CHAPITRE XII

Désinfection des garnis à la suite de maladies contagieuses.

Il est rare que la Préfecture de Police rencontre des résistances de la part des logeurs pour laisser effectuer la désinfection des locaux qui peuvent avoir été contaminés à la suite de maladies épidémiques et contagieuses. Si le cas se présente, elle n'hésite pas à prescrire, par arrêté, l'évacuation immédiate du garni, et ne laisse rentrer les locataires qu'après désinfection complète des chambres et de leurs dépendances, ainsi que du mobilier, du linge et des vêtements.

Toutefois cette mesure n'est prise que pour les maladies épidémiques, pour lesquelles la déclaration est obligatoire aux termes de l'article 15 de la loi du 30 novembre 1892 sur l'exercice de la médecine. Ces maladies dont la liste a été établie par un arrêté de M. le Ministre de l'Intérieur, en date du 23 novembre 1893, sont les suivantes :

1° La fièvre typhoïde;
2° Le typhus exanthématique;
3° La variole et la varioloïde;
4° La scarlatine;
5° La diphtérie (Croup et angine couenneuse);
6° La suette miliaire;
7° Le choléra et les maladies cholériformes;
8° La peste;
9° La fièvre jaune;
10° La dysenterie;
11° Les infections puerpérales, lorsque le secret au sujet de la grossesse n'aura pas été réclamé;
12° L'ophtalmie des nouveau-nés.

Dans le courant de l'année 1894, il n'a été nécessaire de recourir à aucune mesure de ce genre.

Mais dans le premier trimestre de l'année 1895, le cas s'est produit deux fois dans les circonstances suivantes :

Le 7 février 1895, l'Inspection générale du service d'assainissement des habitations, informait la Préfecture de Police, qu'un enfant logé dans un garni exploité par un sieur X...., rue Saint-Denis, n° ..., avait été atteint de diphtérie et transporté à l'hôpital. Aucune déclaration de maladie contagieuse n'avait été faite par le logeur, qui refusait en outre formellement de laisser effectuer la désinfection par le Service des Étuves municipales. Il y avait urgence à prendre des mesures immédiates, attendu que l'enfant, reconnu malade, couchait dans une chambrée contenant huit locataires.

Le Préfet de Police prit le même jour un arrêté prescrivant l'évacuation immédiate de la chambrée. Aux termes de cet arrêté, le garni ne devait être occupé par de nouveaux locataires qu'après désinfection complète par les soins des désinfecteurs de la Ville de Paris.

Des instructions étaient adressées en même temps au Commissaire de Police du quartier, qui était invité à assurer immédiatement l'exécution; et à prêter au besoin main-forte aux désinfecteurs.

Aussitôt le Commissaire de Police fit évacuer la chambrée, dont il garda la clé d'entrée jusqu'à l'arrivée du service de désinfection mandé par télégramme.

Le 8 février, dès la première heure, il était procédé aux mesures d'assainissement, et le lendemain, les locataires pouvaient occuper de nouveau le garni.

En outre, un procès-verbal de contravention fut dressé contre le logeur, pour n'avoir pas fait au commissariat la déclaration prescrite par l'article 24 de l'ordonnance de police du 25 octobre 1883.

Le 7 mars 1895, un cas de variole se produisait dans un garni situé rue Berger, n° ... Le 25 du même mois, trois femmes étaient de nouveau atteintes de cette maladie dans le même garni. Cet établissement était assez important. Il se composait de vingt-neuf chambres, renfermant une cinquantaine de locataires, non compris le logeur, sa famille et son personnel. Il y avait donc de très sérieux dangers de propagation.

Le 28 mars, le Préfet de Police prit un arrêté ainsi conçu :

NOUS, Préfet de Police ;

Vu : l'arrêté des Consuls du 12 messidor an VIII; et l'ordonnance de police du 25 octobre 1883, concernant les logements loués en garni ;

Considérant qu'un cas de variole s'est déclaré le 7 mai courant, dans un hôtel meublé, exploité par le sieur X..., rue Berger, n° ..., que le 25 du même mois, trois femmes ont été de nouveau atteintes de la variole dans le même hôtel ;

Considérant qu'il convient de prendre d'urgence les mesures nécessaires pour arrêter la propagation de cette maladie éminemment contagieuse,

ARRÊTONS,

Article premier. — L'hôtel meublé exploité par le sieur X..., dans l'immeuble situé rue Berger, n° ..., sera immédiatement et complètement évacué.

Aucun locataire ne pourra y être admis qu'après exécution des prescriptions de l'article 2 ci-après.

Art. 2. — Il sera procédé à la désinfection complète par les soins des Étuves Municipales et des désinfecteurs de la Ville de Paris, de toutes les chambres, des couloirs, escaliers et dépendances de l'hôtel meublé dont il s'agit, ainsi que du mobilier, des linges et des vêtements qui y sont contenus.

Art. 3. — Le Commissaire de Police du quartier des Halles est chargé de l'exécution du présent arrêté.

Le Préfet de Police.

Une copie de cet arrêté était immédiatement notifiée au logeur par le Commissaire de Police qui avait été invité à requérir l'évacuation immédiate de l'hôtel, et à assister au besoin les désinfecteurs.

En même temps la Préfecture de Police priait par téléphone le service de l'assainissement des habitations d'envoyer sur place, dès le lendemain matin, des équipes de désinfecteurs en nombre suffisant, pour que toutes les opérations fussent effectuées avec la plus grande célérité.

Le soir même, à dix heures, l'évacuation de l'hôtel était complète, et le jour suivant la désinfection était opérée.

Tous les locataires avaient été préalablement revaccinés.

Depuis cette époque, il n'a été signalé aucun cas nouveau de variole dans ce garni.

On pourrait peut-être objecter qu'aucun texte de loi ne prescrivant jusqu'à ce jour d'une façon obligatoire la désinfection des locaux à la suite de maladies contagieuses, le Préfet de Police excéderait ses pouvoirs en exigeant cette désinfection dans les garnis.

Mais cette objection est sans valeur. Si l'on se reporte au texte de l'arrêté reproduit ci-dessus, on remarquera que l'Administration interdit à l'habitation les chambres qui ont pu être contaminées. Reconnaissant que ces chambres ne peuvent être habitées sans danger au point de vue de la propagation de la maladie, elle les fait évacuer et ne permet de les livrer de nouveau à la location en garni qu'après que tout danger aura disparu, c'est-à-dire après que la désinfection aura été opérée dans les meilleures conditions de garantie.

Il est évident que le logeur, plutôt que de garder ses chambres inoccupées, préfère laisser procéder à la désinfection.

D'ailleurs l'article 24 de l'ordonnance de police du 25 octobre 1883 porte que « le logeur sera tenu de déférer aux injonctions » qui lui seront adressées à la suite de la visite du médecin délégué de l'Administration chargé de constater la réalité de l'affection épidémique ou contagieuse.

CHAPITRE XIII

Conclusion.

Nous insistons sur ce fait que, depuis 1878, et surtout depuis la création du Service d'inspection sanitaire, et l'application de l'ordonnance de police du 25 octobre 1883, des améliorations très importantes ont été obtenues au point de vue de la salubrité des hôtels meublés et des logements loués en garni.

On ne trouve plus dans la ville de Paris et dans le département de la Seine, ces garnis sales et infects que l'on signalait autrefois comme les foyers les plus actifs des maladies épidémiques et contagieuses ; dans lesquels s'entassait, sans air et sans lumière, une population de malheureux, vivant au milieu de la plus horrible promiscuité et respirant les exhalaisons méphitiques des déjections et des immondices accumulées autour d'eux.

Les garnis qui donnent asile à la population la plus pauvre ne sont plus encombrés, et ils sont eux-mêmes tenus aujourd'hui dans des conditions de propreté et de salubrité relativement satisfaisantes. Ils se trouvent à cet égard mieux dotés que beaucoup d'appartements ou de logements non meublés. C'est à ce point que si une nouvelle épidémie venait à sévir, ce n'est vraisemblablement plus dans les garnis qu'il faudrait comme autrefois chercher les causes de la propagation. Nous en avons eu un exemple en 1892, pendant la dernière épidémie cholérique, où l'on a pu constater que, dans les garnis, les cas de mort ont été relativement les moins nombreux. On en a encore chaque jour de nouvelles preuves : si l'on consulte la liste des cas de maladies contagieuses déclarées à la Préfecture de Police, en vertu de l'article 15 de la loi du 30 novembre 1892, on s'aperçoit que le nombre de ces maladies constatées dans les hôtels ou maisons meublées, est fort peu considérable.

Ces résultats ont pu être obtenus sans rencontrer trop de difficultés.

Les logeurs qui, dès le début, protestaient vivement contre la réglementation qui leur était imposée, sont maintenant presque unanimes à s'y soumettre. Beaucoup d'entre eux, au surplus, reconnaissent qu'en obéissant aux injonctions de l'Administration, les dépenses qui en résultent pour eux sont compensées par l'intérêt qu'ils en retirent.

En exécutant les travaux de salubrité qui leur sont prescrits, en tenant leurs établissements dans les conditions de propreté exigées, ils louent leurs locaux plus facilement, et plus avantageusement.

La Préfecture de Police en réglementant en 1878 les garnis au point de vue de la salubrité; le Conseil Municipal de la Ville de Paris et le Conseil Général du département de la Seine, en accordant les crédits nécessaires pour le bon fonctionnement du Service d'inspection, ont permis de réaliser des progrès considérables au point de vue de l'hygiène publique.

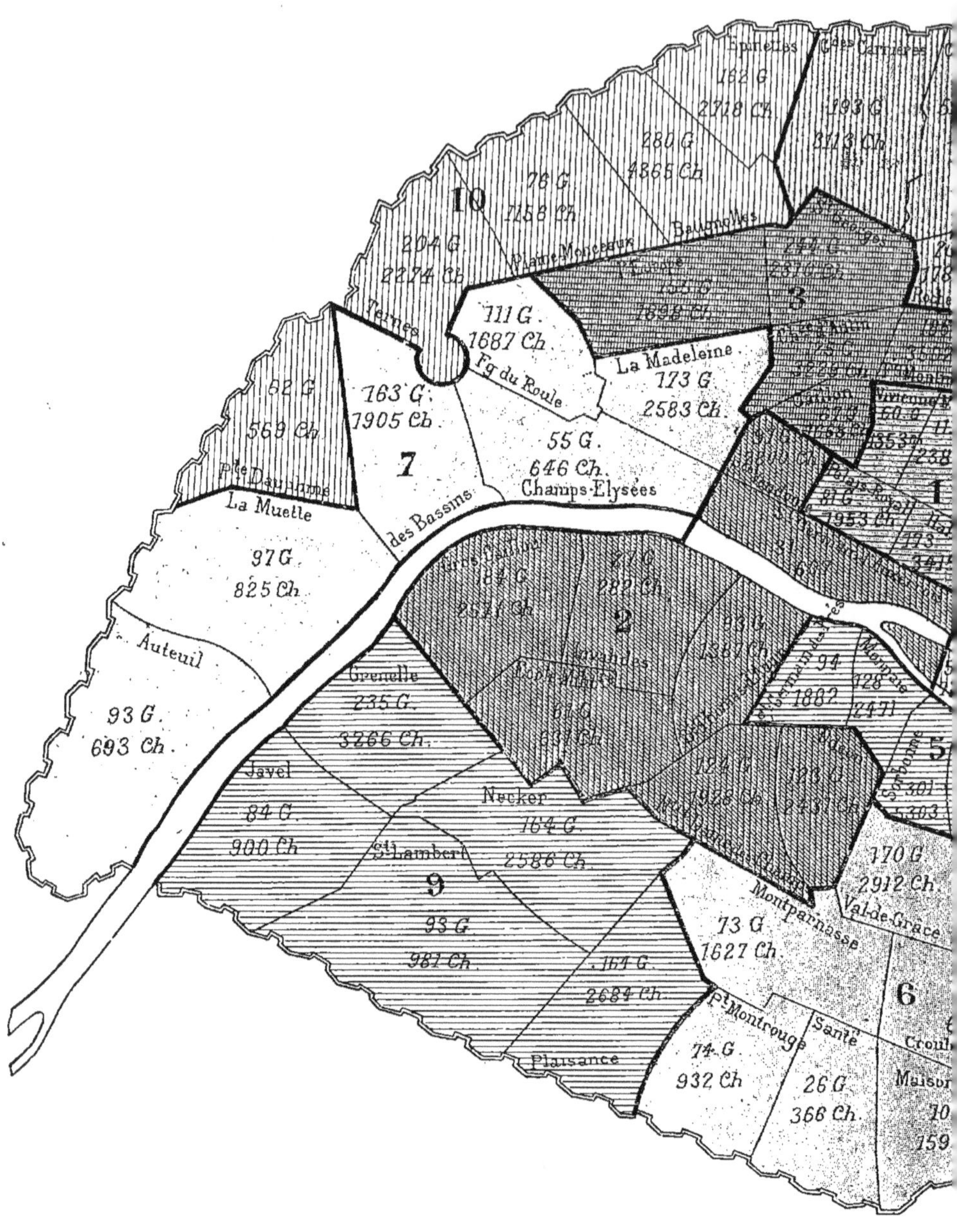

VILLE DE PARIS. — Tableau des circonscriptions du Service d'Inspectio

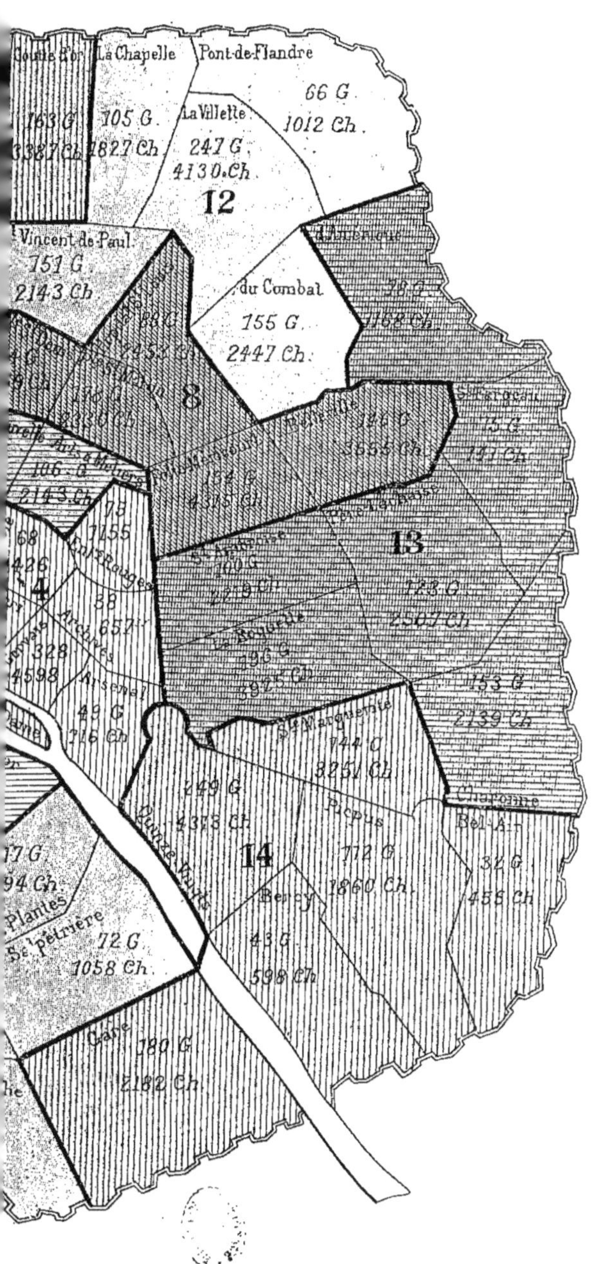

nitaire des Logements loués en garni.

CIRCONSCRIP	NOMBRE de GARNIS	NOMBRE de CHAMBRES
1re	702	14.156
2e	740	12.637
3e	775	11.407
4e	765	11.913
5e	768	12.251
6e	676	10.005
7e	692	8.339
8e	730	15.207
9e	740	10.417
10e	784	11.082
11e	762	13.494
12e	724	11.559
13e	665	12.099
14e	760	12.659

NOTA. — Les chiffres inscrits dans chaque quartier indiquent : le premier, le nombre des garnis existant dans le quartier ; le second, le nombre des chambres.

Communes du Ressort de la Préfecture de Police.

CIRCONSCRIPTIONS D'INSPECTION

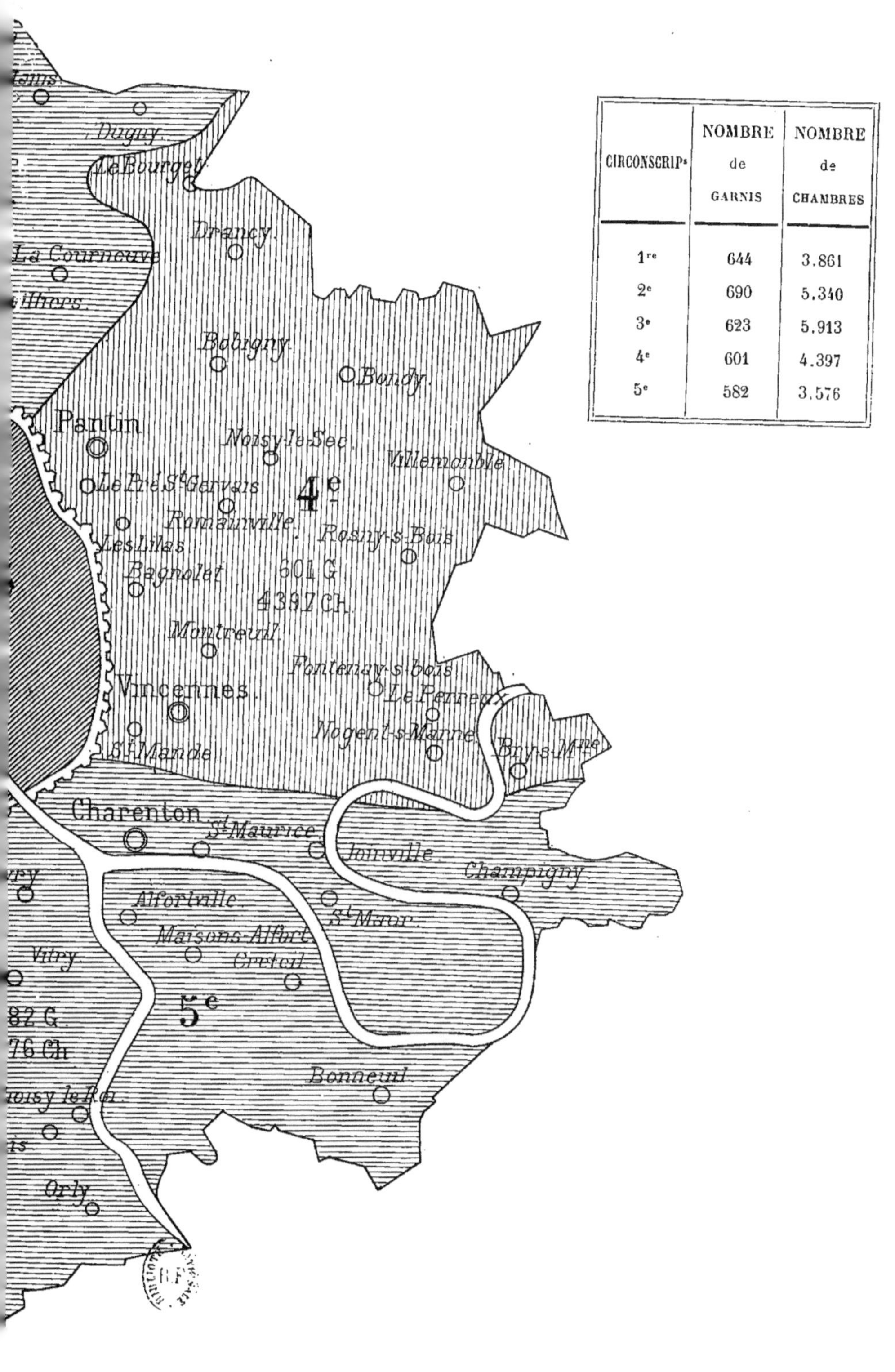

CIRCONSCRIPs	NOMBRE de GARNIS	NOMBRE de CHAMBRES
1re	644	3.861
2e	690	5.340
3e	623	5.913
4e	601	4.397
5e	582	3.576

TABLE DES MATIÈRES

Paris. — Imp. CHAIX (Succ. B), rue de la Sainte-Chapelle, 5. — 2307-95.

www.ingramcontent.com/pod-product-compliance
Lightning Source LLC
LaVergne TN
LVHW020448230826
846091LV00004B/1590
9782013691000